# 我国企业劳资关系与双元创新能力的关系研究
## ——基于心理契约视角

RESEARCH ON THE RELATIONSHIP BETWEEN LABOR- CAPITAL RELATIONS AND
AMBIDEXTROUS INNOVATION ABILITY IN CHINESE ENTERPRISES
—BASED ON THE PERSPECTIVE OF PSYCHOLOGICAL CONTRACT

黄苏萍　武文静◎著

经济管理出版社
ECONOMY & MANAGEMENT PUBLISHING HOUSE

**图书在版编目（CIP）数据**

我国企业劳资关系与双元创新能力的关系研究：基于心理契约视角／黄苏萍，武文静著. —北京：经济管理出版社，2020.6

ISBN 978-7-5096-7235-8

Ⅰ.①我…　Ⅱ.①黄…　②武…　Ⅲ.①企业—劳资关系—关系—企业创新—研究—中国　Ⅳ.①F279.23

中国版本图书馆 CIP 数据核字（2020）第 116961 号

组稿编辑：张永美

责任编辑：魏晨红

责任印制：黄章平

责任校对：王淑卿

出版发行：经济管理出版社
　　　　　（北京市海淀区北蜂窝 8 号中雅大厦 A 座 11 层　100038）
网　　　址：www. E-mp. com. cn
电　　　话：（010）51915602
印　　　刷：三河市延风印装有限公司
经　　　销：新华书店
开　　　本：710mm×1000mm /16
印　　　张：12.75
字　　　数：190 千字
版　　　次：2020 年 7 月第 1 版　　2020 年 7 月第 1 次印刷
书　　　号：ISBN 978-7-5096-7235-8
定　　　价：68.00 元

# 目 录

# 第一章 绪 论

## 第一节 研究背景

企业走向成功、实现财富积累离不开创新，尤其是现代商业竞争对企业创新的要求越来越高，企业要想赶超竞争者必须意识到创新的重要性。然而，任何一个企业所迸发出来的创新都离不开劳资双方的良性互动。毕竟人是创新的主体，放到企业组织中就涉及企业劳资关系，劳资关系与员工和企业的切身利益、国家经济的可持续发展息息相关。

在当今社会背景下，企业创新领域中的企业双元创新能力备受关注，促使学术界对其展开多视角、多维度的研究与思考。有关企业双元创新现有研究中，从企业劳资关系方面来探讨的研究极少。因此，无论是实践界还是理论界，都亟待出现揭示企业劳资关系与企业双元创新能力之间关系的相关研究。基于此，本书尝试采用案例研究和实证研究相结合的方法对两者的关系进行初步验证。

要想更好地去探索企业劳资关系与企业双元创新之间的关系，首先，要系统梳理关于企业劳资关系的理论和研究。劳资关系一词自流入中国以来就受到学术界的高度重视。总的来说，劳资关系包括契约型劳资关系、对立型劳资关系和合作型劳资关系。良好的劳资关系可以有效提升员工的工作绩效、忠诚度和归属感。然而，在当今中国社会，企业劳资关系的定义究竟是什么？企业劳资关系的发展过程是怎样的？如何构建企业和谐劳资关系？这些都是当前我国企业管理实践中劳资关系方面亟待解决的关键问题。

其次，企业间的竞争随着社会经济的不断发展变得日益激烈，创新成为引领发展的第一动力。有关企业双元创新的研究为企业的创新发展提供了丰富的理论基础。管理者如何才能更好地对企业的创新进行管理，同时管理者应该选择利用式创新还是选择探索式创新？对于企业来说，资源的有限性是企业创新的客观约束条件。企业双元创新的相关研究认为，企业应该同时进行利用式创新和探索式创新。但如果同时进行的话，那么资源在利用式创新和探索式创新之间应该如何分配？通过梳理以往研究发现，关于企业双元创新的研究主要从以下三个方面展开：一是深入探讨双元创新的概念内涵及外延。二是以双元创新为前因变量，揭示其与企业创新绩效、服务敏捷性、员工组织承诺等结果变量之间的关系。三是以双元创新为结果变量，挖掘企业双元创新的影响因素。综观现有研究，针对企业技术创新方面的双元创新研究颇为丰富，然而时至今日，企业的管理创新在企业发展和竞争中越来越凸显出重要性。尤其是对于服务业企业，管理创新在企业创新中所占的比重可能更大。在本书中，笔者特别重视企业创新中的管理创新问题。

目前，关于企业创新能力的直接影响因素主要集中在集体层面和管理者层面，对员工个体层面虽然也有所讨论，但不同层面如何互动进而影响企业整体双元创新能力还有待探究。总之，要想获得组织成员的倾情投入和默契配合，良好的劳资关系是关键。良好的劳资关系是企业能不能走下去的关键，而企业创新尤其是双元创新能力又决定企业能走多远，那么劳资关系与企业创新之间究竟有怎样的联系？企业劳资关系对利用式创新和探索式创新的影响程度是否相同？这些问题值得企业管理者和学者深思和探究。如今，职场重担逐渐转移到"80后""90后"员工手中。与父辈一代的员工不同，新生代员工对自身的发展更加重视，故而对企业的期望更大，希望企业可以提供良好的福利、友善的工作环境、挑战性的工作等，这使学者对心理契约越来越关注。劳资关系主体对彼此的责任承担感知通过心理契约得以体现。如若将心理契约看作劳动契约的一种补充调整手段，那么心理契约如何均衡才能有助于和谐劳资关系的形成？

综上所述，本书试图从心理契约视角出发，探索企业劳资关系与双元创新能力之间的关系，通过案例研究法和定量实证研究法进行系统、深入剖析，旨在揭示企业劳资关系影响企业双元创新能力的内在机制。

# 第二节　研究视角

本书基于心理契约理论的视角对企业劳资关系与企业双元创新之间的关系进行探讨，这一研究视角为深入分析研究问题提供了重要的切入点。

国外学者认为，心理契约是组织与员工在雇佣契约外存在的隐含的、非正式的相互期望和理解。该内涵一是强调心理契约由组织与员工两方面组成，具有二元性。二是突出心理契约是组织与员工对交换关系的感知，这种感知源于相互之间的期望与履责的差距，具有互动性。三是劳方或资方对彼此的期望与履责的感知，经过认知加工过程而形成，更多的是双方在内心的主观认知和主观评价，具有主观性。四是员工的心理期望，如公平合理的报酬、个人尊重与价值观趋同、培训与发展机会等，这些期望目标都会随着环境的变化而变化，具有动态性。国内学者翟森竞等（2008）通过对既有研究进行梳理，总结出心理契约与显性契约、关系契约的区别，心理契约伴随交换过程而产生，是目标方框定对方承诺性义务，进而影响自身行为。

尽管已有研究对于心理契约的概念侧重点不同，但初期研究更喜欢借助社会交换理论，将员工群体的心理契约分为交易契约责任和关系契约责任，而且这两种契约最终都归结于与员工的社会交换和情感交换。其中，交易契约责任强调组织应为员工提供公平合理的工资福利等经济回报，关系契约责任强调组织应为员工提供职业发展和公平公正的工作氛围。张淑敏（2011）提出，心理契约有广义和狭义之分。广义的心理契是指组织中的成员之间及成员与组织经营管理者之间存在的一系列非书面约定的期望总和，包括个体层次的期望和组织层次的期望。狭义的心理契约是指处于雇佣关系的员工对自身与组织之间的责任和义务的期望系统，是建立在员工个体的主观认知上的一种双向关系，强调了员工对组织及其自身应该承担的责任的认知。心理契约体现了组织与员工对彼此的一系列微妙而含蓄的心理期望变化，劳资双方在期待对方能够满足自身期望的同时，更希望对方能够满足自己预料之外的期望，因此，心理契约才被认为是折射劳资关系的最敏感的解释变量。

心理契约既可能是劳资双方对彼此的口头承诺或书面承诺，也有可能是双方通过对他人的观察或其他组织的交流而获得，属于一种内隐的、不成文的、对彼此的期望或承诺。心理契约贯穿于整个社会化交换的过程之中，劳资双方对承诺的履行和违背促成了心理契约的快速调整，换言之，心理契约是社会化交换的结果体现（Woodrow、Guest，2019）。交易双方会产生一种心理上的协议，而且该协议会随着交易过程而不断演进，并最终成为引导劳资双方关系走向的重要因素。社会心理学认为，感知是引起行为的前因变量。如果说关系契约构建了劳资双方的交易氛围，那么劳资双方对彼此的感知能够对未来的劳资关系走向产生重要影响。

在劳资双方奠定关系的早期，通过为员工提供持续的承诺来培养双方之间的心理契约，促使他们尽快做出调整并融入当前工作环境。例如，新人入职时会基于已有的工作经验、接受的教育以及招聘过程中的认知等因素构成初步的心理契约；工作一段时间后，就会与企业达成新的心理契约。新的心理契约一旦形成就会维持在一个相对稳定的水平，而且一般情况下新承诺的出现并不会对劳资双方的心理契约产生较大影响，但是如果一方的履责行为超出原有承诺，心理契约会朝着积极的方向加速调整。反之，一旦出现心理契约违背，就会使心理契约朝着消极方向进行调整。由此可见，心理契约的形成过程具有指导组织成员行为的作用。心理契约特别是承诺或期望的形成与履行能够对组织社会化产生决定性影响（Woodrow、Guest，2019），而且这种影响不仅存在于雇佣关系之中，还广泛存在于企业与顾客等多种社会关系之中（郭婷婷、李宝库，2019）。

鉴于心理契约是刻画组织中雇佣关系的主观特性，个体关于自身与另一方之间互惠性交换协议条款和条件的信念（Rousseau，1989；翟森竞等，2008；Ahmad、Zafar，2018），仅存在于交易方自身的判断和意识之中，而且内含的责任与承诺不具备强制执行力。这就不难理解为什么劳资双方往往会因为对价值观、承诺或期望的理解不同，而产生心理契约破裂感知。因此，心理契约违背是指员工认为组织没有按照约定履行承诺，会使劳资关系走向更加不好的方向，促使员工不得不重新考虑原有的条款或承诺。

李华军和张光宇（2009）基于心理契约理论探讨了高新技术企业的知识型员工流失原因。研究发现，交易型契约违背容易导致员工短期的工作满意度下降，进而引发工作效率和组织绩效降低，属于一种人才的隐性流失；关系型、发展型契约违背会降低组织忠诚度，从而促使员工离职。李敏和周恋（2015）通过对 37 家企业 1211 名员工的问卷调查，探讨了中国转型经济背景下劳动关系氛围和工会直选对员工的心理契约破裂感知和工会承诺的关系，发现劳动关系氛围与工会承诺显著正相关，心理契约破裂感知同工会承诺负相关，心理契约破裂感知在劳动关系氛围与工会承诺的关系中起中介作用，工会直选在心理契约破裂感知和工会承诺的关系中具有调节作用。可见，心理契约会对双方正在形成的劳资关系带来消极的影响，导致员工的不满与对抗，而且对于劳资双方特别是资方的失信沉没成本更大，更容易造成无法弥补的损失。因此，面对可能出现的心理契约违背，一是资方尤其是企业的经营管理者不可选择忽视或逃避，而应该主动向劳方解释原因并积极取得员工谅解；二是尽量达成持续的互相满足，这样才能保有固有的心理契约状态，心理契约违背的出现将会造成毁灭性的冲击。

与此相对应，心理契约破裂是劳资双方对对方未能履行心理契约中应当承担的责任或义务的感知（Elizabeth，1997）。国外研究表明，在劳资双方之间出现心理契约破裂时，员工更倾向于团结起来利用工会等外部力量维护自身权益（Turnley 等，2003）。但是，由于中国情境下的工会兼具政府维稳、企业维序和员工维权三大职能，而且这三种职能存在冲突关系，导致工会表现与职工期望存在一定差距，甚至会认为工会就是政府或企业的利益代表（李敏、周恋，2015）。心理契约破裂负向影响员工工会参与，在工会主席由企业直接任命的企业中，心理契约破裂显著负向影响员工工会参与；反之，工会主席直选对工会维权职能履行具有一定的保障作用（胡恩华等，2019）。总体来看，基于心理契约视角的劳资矛盾遵循"心理契约破坏—心理契约违背—员工集体行动—心理契约平衡"的演变路径。

# 第三节　研究意义

## 一、理论研究意义

本书的理论贡献主要体现在以下四个方面：

第一，国内现有关于企业劳资关系的文献几乎都是仅就劳资关系问题进行探索和研究，可归纳为从不同的视角来看待企业劳资关系以及如何对企业劳资关系进行评价的问题。本书则将目光锁定在企业劳资关系对企业双元创新能力构建的影响上。这对企业劳资关系领域的理论研究有所扩展，不再将企业劳资关系作为一个结果变量来看待，而是探讨它作为前因变量是如何影响企业的双元创新能力的。但是，这一问题在劳资关系研究领域和创新管理研究领域仍处于空白，本书对二者之间的关系及其内在机制进行了多维探讨。

第二，工作嵌入是当今企业界和学术界讨论的一个重要话题。本书试图结合理论研究和管理实践演绎出企业劳资关系、工作嵌入与企业双元创新能力之间的关系。无论是从研究视角还是从理论构建上都有所创新，不仅为劳资关系、管理创新的关系研究搭建起桥梁，更为这两大领域的深入研究提供了一定的思路。

第三，本书基于心理契约视角，通过对海底捞及其员工进行单案例研究，深入剖析在企业成长的各个阶段，企业劳资关系是通过哪些渠道影响企业双元创新能力的构建的。从某种意义上来讲，可以通过这项研究窥探出企业劳资关系对企业双元创新能力产生的持续性影响输出及其具体表现形式，有助于更加深刻地理解二者之间的内在关系。尤其是选择的案例企业为典型的服务业企业，这将大大拓展学术界对企业双元创新的认识，切实将管理创新纳入考量的范畴，拓宽企业双元创新研究领域的边界。

第四，本书将心理契约的研究视角引入企业劳资关系与双元创新能力的研究框架之中，呈现劳资双方在关系维护过程中的动态变化和内心感知，进一步完善了大量基于法律逻辑视角的既有研究中存在的不足和缺陷，从而使心理契约成为展现企业劳资关系真实状况极为有力的理论基础和研究视角。本书采用定量实证研究方法对组织责任与探索式创新、利用式创新的关系进行研究。有研究检验了创新能力在人力资源管理系统与组织绩效之间起到的中介作用，已初步证明人力资源管理在组织的创新活动中扮演着不可或缺的角色（刘善仕等，2007），这也与本书的研究结论达成一致。然而，将企业劳资关系进行定量化衡量可以说是企业劳资关系研究领域的一个难点，一般说来可以想到的是用类似于"企业劳资关系和谐程度"这样简化而笼统的题项去测量或者采用某种企业劳资关系评价体系去测量，但这些做法对揭示企业劳资关系对企业双元创新能力影响机制收效甚微，不如本书衡量企业劳资关系状况的做法，即借助员工和管理者真真切切的心理感受来反映企业劳资关系的状况，以及基于此构建劳资双方的互动机制，从而探讨企业劳资关系是如何影响企业双元创新能力的。这都将给未来有关研究提供相应的思路和借鉴。

## 二、实践研究意义

本书的实践意义体现在以下几个方面：

第一，本书启示企业方应重视企业劳资关系建设问题。根据本书的研究结论可知，企业劳资关系状况的确会影响企业双元创新能力构建。在当今急剧变化的时代，创新是企业应对变化的重要手段。因此，企业有必要重视企业劳资关系建设。

第二，本书认为企业方在看待劳资关系问题上，要跳出与员工彼此对立的立场和视角，因为企业管理的内容无外乎管人和管事，而事情最后都需要由人去做。归根结底,劳资关系的关键在于"管人",而合作型的劳资关系相较于其他类型的劳资关系更能将组织当中的人凝聚起来。这能够对企业在管人管事的思考逻辑给予一定的启示。

第三,本书的研究结果表明,企业在劳资关系方面的努力都必须实实在在地抵达员工心灵,才能推动企业双元创新能力的提升。将企业组织对员工的"尽责"有效转化为员工对企业的"尽责",形成良好的"投桃报李"机制。因此,本书将引导企业从组织层面做到对员工的"尽责",进而影响员工对企业"尽责"。

第四,本书认为,企业劳资关系与企业双元创新能力之间的关系会随着企业的成长过程而发生变化,也就是在不同发展阶段,企业劳资关系与企业双元创新能力的表现有所不同。因此,企业在面对劳资关系及双元创新能力构建问题时要结合所处的发展阶段。这将给企业在企业劳资关系视角下构建双元创新能力的实践提供有力的指导和帮助。

# 第四节　研究方法

在研究方法上,本书主要采用案例研究与定量研究的方法,基于心理契约视角探索劳资关系与双元创新能力之间的关系。具体而言,本书使用了文献研究法、问卷调查法、案例研究法和定量实证法来对研究问题进行深入分析,以期得到客观、科学且可靠的研究结论。

## 一、文献研究法

本书使用 Web of Science、EBSCO、中国知网、万方等数据库对劳资关系、双元创新、心理契约、工作嵌入、组织学习等关键词进行检索,搜索出大量与本书相关的中英文文献资料,通过对这些文献和书籍进行略读、精读及进一步总结,详细梳理并细致分析国内外学者的相关研究成果,为本书的研究框架和理论模型提供坚实的理论依据。

## 二、问卷调查法

本书聚焦于企业劳资关系和企业双元创新能力，依托现有文献中相关变量的量表，通过对量表进行小样本预测，最终形成本书的调查问卷。本书使用问卷调查的方法收集相关数据，利用相关渠道进行问卷发放与收回，剔除数据缺失严重的无效问卷，获取最终研究数据，用以验证本书提出的假设。

## 三、案例研究法

本书采用单案例研究法对研究问题进行验证和分析，所选取的研究样本既符合单案例研究方法的要求，同时也富有代表性。样本企业符合发展过程鲜明、过程资料完整等要求，并且能够从多方面验证资料信息的准确性。

## 四、定量实证法

本书采用实证研究的方法，通过对研究样本进行问卷调查，进一步验证研究假设。基于问卷调查获得的数据，采用描述性统计分析、回归分析等统计方法，对本书提出的研究假设进行定量检验，为本书的相关理论提供实证检验支撑。

# 第五节 研究内容及思路框架

如图 1.1 所示，本书的主要内容可以分为以下四部分：

第一部分为绪论，从研究背景方面阐述本书所研究问题的重要性和必要性，给出本书的研究视角，阐述研究的理论意义和实践价值，阐述

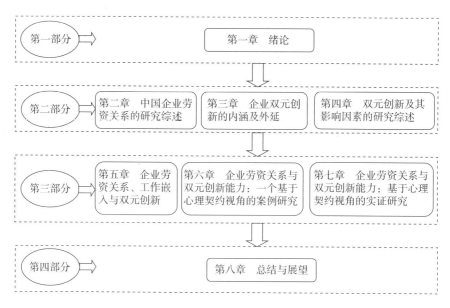

图 1.1　本书的思路框架

本书所涉及的主要研究方法、研究内容及思路框架。

　　第二部分主要是总结和归纳我国企业劳资关系和企业双元创新的概念及内涵，对有关我国企业劳资关系以及企业双元创新影响因素的研究进行综述。本部分主要包括第二章"中国企业劳资关系的研究综述"、第三章"企业双元创新的内涵及外延"和第四章"双元创新及其影响因素的研究综述"，为整个研究奠定理论基础。

　　第三部分包括第五章"企业劳资关系、工作嵌入与双元创新"、第六章"企业劳资关系与双元创新能力：一个基于心理契约视角的案例研究"以及第七章"企业劳资关系与双元创新能力：基于心理契约视角的实证研究"。这三章分别采用不同的研究方法，从不同的方面阐述企业劳资关系与企业双元创新之间的关系，深入揭示企业劳资关系影响企业双元创新能力的路径机制。

　　第四部分是本书的第八章"总结与展望"。将本书的核心研究结论进行总结归纳，再次强调研究的理论和实践意义，并指出研究存在的不足以及对未来相关研究的启示。

# 第二章　中国企业劳资关系的研究综述

　　企业劳资关系诞生于资本主义的生产方式下，与资本主义的发展息息相关。

　　15世纪，西欧国家开始出现"重商主义"思想，即"商业本位"，并迅速弥漫至各个社会阶层，与文艺复兴运动一道成为欧洲国家的主流社会思想，直至17世纪初期才告一段落。当时，以传统工匠为首的家庭手工业大肆兴起，劳动分工、帮工及学徒就是在这一社会背景下产生的，同时完成自然经济向商业经济的过渡，雇佣关系的雏形也在资本主义萌芽期建立。农民在资本原始积累阶段被剥夺了土地，强制实现了生产者与生产资料的分离，所以社会上出现了大量手工业者，从而为资本家提供了充足的劳动力供给，也为商品市场提供了更好的发展契机。这一时期，商品生产方式发生急剧变化，由简单商品生产向资本主义生产过渡，同时也标志着剥削方式由封建剥削向资本主义剥削转变。

　　在资本主义经济发展过程中，市场需求伴随着殖民地的扩张而扩大。传统手工业的蓬勃发展培养了大批富有实践经验的工人，文艺复兴运动下自然科学也取得了空前的成就，于是催生出了大机器。第一次工业革命后进入大机器工业时代，资本家为进一步攫取剩余劳动力价值，开始降低工人工资、延长工作时间、增加劳动强度等。劳动者基本需求得不到保障，而企业家对劳动者的监督和管理也颇为严苛，形成独裁者或家长制的管理方式。其实，在早期工业社会中，英国政府作为资本主义的"助攻"的主力方也参与了资本的剥夺。例如，默许资本家剥夺农民的生产资料，甚至通过法律手段将长工时、低工资合法化。因此，早期工业社会奠定劳资关系的主体是劳资政三方，并呈现出劳方处于弱势地位的基本形态。然而，大机器在推进工业社会发展进程的同时也将劳资关系问题推向风口浪尖，至此劳资关系开始受到社会各界的广泛关注。

虽然第一次工业革命实现了大机器生产方式的革新，但是却导致数以万计的手工业者失去工作，劳资关系的恶化一度成为影响经济社会发展的重要因素。于是，亚当·斯密（Adam Smith）、大卫·李嘉图（David Ricardo）等古典经济学家也开始关注劳资关系问题。

亚当·斯密是首位关注劳资问题的古典经济学派的学者，他在《国富论》中提出，虽然雇主在工资博弈中具有决定性力量，但是工人工资始终在维持其基础生活的最低工资之上。此外，亚当·斯密主张自由市场经济，并提出"看不见的手"会自行调节市场经济，而政府对市场的自由放任将会创造最大的国家财富。古典经济学派大卫·李嘉图继承并发展了亚当·斯密的自由主义经济理论。1825 年，约翰·穆勒（John Muler）结合斯密和李嘉图等经济学家的研究成果发表了《政治经济学原理》，此书将古典经济学的发展推向高峰。这部著作将政治经济学的研究对象即生产要素总结为土地、劳动和资本，并提出了生产要素论、决定劳动生产力的因素及生产增长规律。在这部著作中，穆勒承认资本主义社会的矛盾性，并试图调和资产阶级和劳动者的利益、冲突（冯同庆，2012）。阿尔弗雷德·马歇尔（Alfred Marshall）是新古典学派的创始人和英国古典经济学派的继承人，他同情劳工，承认工资博弈中劳资力量不平衡，提出需要规范劳动雇佣条件等观点。

这些古典经济学家及新古典经济学家对劳资关系问题有所关注，但研究的深度有限，主要是把劳资关系作为与生产要素劳动力问题有关的一个话题来探讨。然而，这样的探讨却标志着企业劳资关系研究的兴起。随着资本主义的兴起，企业劳资关系理论也趁势得到发展，并逐步演变为经济学界的一个重要细分领域。

本章将系统梳理企业劳资关系的相关概念，厘清企业劳资关系的定义及内涵。在此基础上，阐述中国自改革开放以来企业劳资关系的发展变迁，对中国企业劳资关系已有研究进行评述。

# 第一节　企业劳资关系的定义及内涵

## 一、劳资关系的相关概念

人们常常容易把产业关系、雇佣关系、劳动关系与劳资关系混淆，其实这几个概念之间存在一定的联系和区别。

在工会制度化之前，产业关系（Industrial Relations）并没有一个特定的研究范畴，甚至还散见于社会学、管理学等各学科领域。19 世纪20~70 年代，约翰·康芒斯①（John R. Commons）、韦伯夫妇等的研究成果推动了劳工关系学科的独立进程，使得劳工关系学逐渐成为一个遍布欧美国家而且渐趋成熟的理论体系。此后，工会开始步入规模化、制度化的发展进程，从而形成在产业层面和行业层面的谈判模式，产业关系一词便由此而来。产业关系最初是指在大型工业企业从事体力工作的全职男性工人，他们通常都是工会会员，喜欢通过罢工、集体谈判的方式来维护自身权益（冯同庆，2012）。但是伴随着工业化进程的加快，早期的产业关系已经无法解释行业、职业、劳动成员的多样性（Lewis 等，2003），进而形成更为宽泛的产业关系概念。此时的产业关系是指与雇佣关系息息相关的产业经济中的方方面面（左祥琦，2007），不仅包括企业角度的员工管理，也包括政府介入的劳动关系和集体谈判。由此，产业关系的研究重点也由最初的工会和管理方互动关系，逐渐发展为一门多领域的学科，囊括劳动关系理论、人力资源关系理论、劳动经

---

① 约翰·康芒斯是美国劳动科学的先驱，同时也是美国制度学派的创始人，是理查德·伊利（Richard T. ELy）的得意门生，他认为企业家和工人之间的冲突并不是阶级对立，只不过是由利益这一共同追求而引发劳资关系的不协调。1934 年，他生前未能面世的论著《制度经济学》正式出版，书中提出的利益和谐理论和法制决定论对劳动关系的发展影响很大。利益和谐理论是指，雇主和工人通过集体谈判可以形成切实可行的解决方案，说明劳资冲突是可协调的。康芒斯还鼓励政府通过颁布法律来保障劳动者权益，强调法律是推进劳资问题解决的重要因素。

济学和组织行为学理论等（Ackers，1994）。

1979 年以来，英国首相撒切尔、美国总统里根相继上台，同时德国民主党也开始没落。在政治家们看来，产业工会、行业工会不利于政府管制和社会安定，所以主张淡化产业层面和行业层面的关系，进而导致整个产业层面、行业层面概念的衰落。这一政治导向的典型表现就是工人的谈判力量逐步被去中心化、分散化到企业层面，与之对应的企业级别谈判机制和对话机制也开始增多。而劳工关系学者为了保护和推动学科的发展也提出雇佣关系的概念。考夫曼认为，所谓的产业关系，指的便是一种建立在雇佣关系基础之上的劳资之间的互动关系（Kaufman，2008），这种雇佣关系的框架涵盖了各种劳动关系的互动机制和制度。至此，作为一个兼收并蓄的新概念，雇佣关系取代产业关系并被国际劳动关系学会所采纳。如今，雇佣关系（Employment Relations）已经发展成为一个广泛使用的概念，囊括各种形式的劳资互动机制，不区分行业性质、企业性质、工作性质以及劳动者个人属性等。

劳动关系（Labor Relations）指的是劳动力的使用者与劳动者为实现劳动过程所构成的社会经济关系（常凯，2005）。常凯（2013）将劳动关系划分为个别劳动关系和集体劳动关系。一般而言，个别劳动关系指的是通过签订劳动合同之类的方式在单个劳动者和雇主单位之间建立的关系；而多个劳动者通过以组织的形式和用人单位就工作内容、劳动报酬等事项展开协商、谈判以及罢工等方式实现劳动者利益诉求，即为集体劳动关系。此后，段毅和李琪进一步提出，集体劳动关系是劳动组织与雇主组织之间所结成的社会关系，并且对劳动条件、劳资事务以及劳动标准等进行协商，是个体劳动者团结行动的结果（段毅、李琪，2014）。由此可知，劳动关系相较于产业关系而言，更加强调工作场所中的劳动。

## 二、企业劳资关系的概念界定

劳资关系一词在 20 世纪 90 年代流入中国，根据西方劳动关系理论，劳资关系主要指的是雇佣关系中劳方、资方、政府三方之间的冲突与合作、权利和义务的相互关系。考夫曼（2006）认为，工会、集体谈判、劳动政策和法律以及劳资关系都包含在雇佣关系的大框架之中。谢增毅（2015）则从法律演变的角度提出，劳资关系来源于传统雇佣关系，具体指劳动合同一旦确立，雇员与雇主之间即存在劳资关系。美国社会科学委员会1928年的雇员关系领域的研究报告中也指出，雇佣关系的研究焦点应该回归到雇主和雇员的关系。国际劳工组织还表示，劳资关系是雇主与雇员之间以及双方的利益组织的集体关系，主要通过雇主或雇主组织和劳动者组织①就劳动报酬、工作时间、工作条件等进行谈判和协商（李向民、邱立成，2013）。由此可见，雇佣关系一直是传统意义上的劳资关系所关注的焦点。

国内学者对于劳资关系的概念解释也较为多元、丰富。常凯（2008）认为，劳资关系描述的是私有制企业内雇员与雇主的劳动关系，属于一种传统称谓，这一定义将雇主和雇主组织以及雇员和雇员组织均涵盖在内，突出了劳资双方的对立关系。赵曙明和赵薇（2006）则认为劳资关系代表雇主的利益组织及其代理人与工会之间复杂的互动关系，劳资关系一词在中国的演变经历了四个阶段，分别是产业关系阶段、社会主义劳动管理制度的劳资关系阶段、仅适用于外资企业和私有制企业的劳资关系阶段以及全面适用于市场经济体制下不同所有制企业并存的劳资关系阶段。这也决定了不同国家或不同制度中劳资关系叫法的不一致性（于桂兰，2011）。李秀梅（2009）则是以动态视角界定劳资关系的概念，指出劳资关系最初强调的是一种雇员与雇主之间的阶级冲突，之后逐渐演变成劳动者和资本所有者及其代理人之间的互动关系。显而易见，劳资关系概念的发展经历了从强调雇主与雇员双方的二元对立，到最终鼓励劳资双方之间实现和谐共赢的变化，这一发展趋势不仅淡化了劳资双方地位的对立，更重要的是弱化了资本和劳动的固有矛盾。还有一部分研究认为，劳动关系主体的多元性最终导致劳资关系只是劳动关系的主要内容之一（刘文军，2008；杨斌等，2014）。劳资关系是各利益主体在企业运营管理中交换经济利益的结果（杨斌等，2014），表现为以劳资双方为主、以政府监督管控为辅的经济社会关系。

---

① 一般是指工会。

席猛和赵曙明（2014）从研究对象层面将劳资关系分为狭义和广义两种，并提出新型劳资关系应该结合人力资源管理的相关观点。狭义劳资关系中的劳资冲突实际上反映的是一种阶级冲突，主要涉及工作场所规则的制定；广义的劳资关系是指工作过程中雇员与雇主的互动行为，研究内容是劳资双方维持和规范雇佣关系的行为机制和管理策略。也有学者认为，劳资关系更倾向从第三方角度看待雇佣关系，所以它是官方机构对雇员与雇主之间关系的宏观描述。

国内外学者之所以对劳资关系的概念阐释有所差异，其中不乏历史、文化等方面的原因，但基本上都能体现出劳资关系的实质和内涵。综上所述，劳资关系（Labor and Capital Relations）① 指的是劳动者与劳动力使用者在签署劳动契约的基础上，所形成的权利、义务的社会经济利益关系，其本质上反映的是资本方和劳动方之间的关系。因此，微观层面的劳资关系即企业劳资关系（Labor and Capital Relations in Enterprise）指的是劳资双方基于劳动合同中的权利和义务所形成的利益关系，表现为劳资双方之间合作与冲突的力量大小。

## 三、企业劳资关系的内涵

本质上，劳资关系主要指资本方与劳动方之间的关系，根据利益冲突与协调的程度，可以将劳资关系划分为利益冲突型、利益一致型和利益协调型三种类型。利益冲突型是指劳方和资方的利益不可调和且冲突无法避免，而工会力量可以与雇主组织抗衡。第二次世界大战前的英国企业就是利益冲突型的典型代表。利益一致型更倾向于人力资源管理的观点，强调通过管理制度和激励机制来营造和谐的劳资关系，在避免矛盾和冲突的同时建立互利共赢的合作氛围，日本家族企业就是很好的实例。利益协调型实质是劳资双方在法律和人格上平等，在利益关系上主张通过协商谈判实现劳资合作，而德国就是协调型劳资关系的典范。根据工会力量来看，利益冲突型的工会规模最大、力量最强，其次是利益

---

① 有时也用 Industrial Relations 或 Employer-Employee Relations 来表示。

协调型和利益一致型。由此可见，劳资双方的利益分歧越小，劳资关系越和谐，工会的力量越薄弱，相应的企业管理机制和人力资源管理制度也就越完善。

企业劳资关系是典型的微观层面劳资关系，主要的关系主体包括：代表雇主利益的管理层、劳动者及其利益代表者。而政府在市场经济体制下通常是以第三方身份介入其中，扮演政策制定者、宏观调控者以及外部监督者的角色。综上所述，企业劳资关系的运行过程可以看作主体的权利分配与其行为方式之间的相互作用（刘文军，2003），也就是说，主体的权利分配决定其内在的行为方式，而行为方式又会反过来重构权利分配，所以两者之间互相作用共同构成企业劳资关系的表现形态即企业劳资冲突和企业劳资合作。在劳资冲突中，劳动者更倾向于使用罢工、消极怠工及抵制等方式，管理者则会采取关闭生产场所、拉入黑名单、排斥工会成员等应对策略；在企业劳资合作中，劳资双方往往更愿意通过集体谈判、签订协议和员工参与等方式，从而借助和谐的劳资关系实现更多的价值创造。

# 第二节　改革开放以来中国企业劳资关系的发展变迁

从历史角度来看，中国劳动关系的变革一直牵动着劳资关系的走向。改革开放后，伴随着劳动关系的变革，我国企业劳资关系的发展路径也逐步完成由计划劳资关系向市场化劳资关系的转变。

国内学者对改革开放以来国内劳资关系的发展路径大抵持相同看法，即建立与社会主义市场经济制度相适应的劳动关系（吴清军、刘宇，2013）。这种劳动关系制度应该以劳动力市场为基础，以产权、经营权和劳动权的分离和独立为保障，以市场规则为依据（常凯，2008），从而实现和谐劳资关系。可以说，劳动制度的改革历程体现着劳资关系的发展路径，通过对既有研究进行详细梳理和总结，本书将我国劳动制度的改革划分为以下四个阶段。

第一阶段：1978~1991年。这一时期被称为市场导向的劳动关系管理体制的探索期（吴清军、刘宇，2013），主要任务确定为探索劳动关系的市场化道路。党的十一届三中全会提出要以法律的形式确立劳资关系；十二届三中全会后国家提出建立多种所有制共存的经济体制，并赋予国有企业用工自主权和分配自主权。为配合市场经济体制建设和国有企业改革的步伐，国内于1980年开始实行劳动合同制度，后来涵盖范围扩大到企业全体职工。政府试图以契约形式将企业用工制度全面纳入市场轨道，但却滋生出固定工和合同工并存的双重二元化的劳动关系，所以决定从1982年开始优化劳动组合。到目前为止，除了劳动合同制，还奉行择优录取的招聘原则，以上举措彻底消解了原有的固定工用工制度，在优化企业人力资源的同时还加快了劳动制度的改革进程。在市场经济体制初期，国家颁布相应的劳动政策，但却忽略了对劳动者利益和基本权益的保护（常凯，2008）。也有一些学者认为，收入自主权是建立以绩效为基础的职工工资制的前提条件，可以有效调动劳动者的积极性（薛园菲、龚基云，2014）、能够帮助劳资双方的身份属性从根本上发生转变。总体来看，国内企业劳资关系在此阶段总体呈现平稳发展的态势，而劳资双方的冲突矛盾初步显现（陈仁涛，2013）。

第二阶段：1992~2001年。国内劳资关系总体上呈现出"资强劳弱"的局面（陈仁涛，2013），所以也被看作劳资矛盾的积累期。1992年，《中华人民共和国工会法》正式通过，并于1994年颁布实施《关于全面实行劳动合同法的通知》，以上两项法律对劳动市场产生了一定冲击且主要体现在以下三个方面：首先，全面劳动合同使得劳资关系彻底转变为市场经济下雇主与雇员的关系，而且在相当长的一段时间停留在契约关系层面，从而使处于安稳状态的国有企业工人失去了组织认同感和归属感（李怀印等，2015）。其次，国家实施"下岗分流、减员增效"的政策，全国范围内迎来了国企工人下岗潮，但同时它也为劳动力市场提供了充足的劳动力资源，另外也导致劳动力市场的不平衡。最后，为尽快适应市场经济的快速发展，政府从20世纪90年代后期开始实施企业改制，即企业股份化和私有化过程。自1994年以来，以《劳动法》为代表的相关劳动政策已开始关注劳动者的合法权益，并将就业制度、员工流动、收入分配和社会保险等全面转变为市场调控方式（洪泸敏、章辉美，2009）。由此可见，虽然这一时期的劳动政策完成了市场化劳动关系的初步转变，同时也开始逐步重视劳动者的权益保护，但是劳资关系却开始走向失衡。

第三阶段：2002~2007年。这一阶段劳动关系领域的重点内容是劳动者的权益维护，主要表现为劳动者的个体权益维护和集体权益维护。从2002年开始，政府陆续颁布了《劳动合同法》《最低工资规定》《劳动争议调解仲裁法》等多部法律法规，内容涵盖劳动者的就业、劳动合同、劳动安全、工时与卫生以及员工培训等多方面。与此同时，国家以农民工的工资拖欠问题为突破口，先后出台多部法律维护劳动者权益、规范企业用工。当时，农民工"讨薪难"一度成为社会热点问题，而自杀也成为农民工消极维权的象征性符号（刘建洲，2011）。尽管国家一直在完善劳动政策体系，但是农民工消极维权的背后却是"强政府、强资本、弱劳工"的真实写照，该现象一方面折射出当时的劳资矛盾和冲突的激烈程度，另一方面也使国内的集体劳动关系走向必然（段毅、李琪，2014）。为适应市场经济的发展，劳动部于2004年颁布《集体合同规定》，明确要求用人单位必须要与企业职工进行集体谈判协商，并签订集体合同。由此可见，与国外的集体谈判的发展路径有所不同，国内的集体谈判遵循着集体合同制度先行的原则，而真正的集体协商制度在2010年前后才逐步开始落实。

第四阶段：2008年至今。一系列有关劳动关系的法律法规的出台为劳动者进行权益的维护提供了强有力的政策支持。其中较有代表性的便是新《劳动合同法》，在一定程度上改善了企业劳资关系不平衡的基本状况。2010年，以南海本田汽车零部件制造有限公司的工人罢工为标志性事件引发了珠三角地区的罢工潮，这也意味着农民工的利益诉求已不再是"底线型的"，而是向"增长型的"转变（蔡禾，2010），同时也标志着中国的工人抗争逐步开始从"防御型"转向"进攻型"（Elfstrom、Kuruvilla，2014）。同年5月，南海本田工厂开启了具有中国特色的真正意义上的"集体谈判"——集体协商①。但是，随着"互联网+"和"分享经济"等时代热潮的兴起，以滴滴打车的运营模式为代表的灵活雇佣方式表明劳资关系将迎来又一个新的发展阶段。

《劳动合同法》开启了国内劳资关系的新纪元，之所以这样说，不仅是因为它重新界定了劳资关系主体的权利、义务，而且还对劳资关系的运行规则进行调整。自改革开放以来，我国从就业、培训、技术等级评定、用工、工资、社会保险和福利等方面不断完善劳动管理制度（薛园菲、龚基云，2014）。劳动者一方主要通过工会或集体代表与资本方进行协商来缓解冲突矛盾，从而达到一种相对平衡的状态（常凯，2008）。但是，我国劳资关系在经历了劳动关系政策的完善和劳动者权益的维护后，最终呈现出个别劳动关系和集体劳动关系共存的现状。此后，常凯（2013）指出，我国正处于从个别劳动关系向集体劳动关系转型的重要节点，正如国内研究专家游正林（2006）所提出的，从个别劳动关系向集体劳动关系的转变是社会发展的必经阶段。

由此可见，改革开放以来国内企业劳资关系始终呈现出"资本强、劳动弱"的关系格局，值得注意的是，此时劳动者的利益需求已经不单纯局限于对经济的满足，更重要的是相关工作条件的保障，而这一时期劳动争议案件数量的不断增多也反映出劳动者利益诉求的多元化，如分享经济型企业的发展成果。这也正是改革开放以来国内企业劳资关系发展进程的"缩略图"。

## 第三节　现阶段国内企业劳资关系的研究述评

现阶段对于劳资关系的研究多聚焦于劳资关系理论、劳资关系问题和矛盾、劳动政策、解决劳资冲突的策略和构建和谐劳资关系的路径等

---

① 西方的集体谈判完全由劳资双方的力量展开博弈，政府不干预。由于我国的集体谈判是由政府主导的，其中存在政府干预，因此国内称作"集体协商"。

方面（葛伶俊、张磊，2008；汤美芳，2006）。尽管国内学者在以上各方面的研究成果都已较为丰富，但总体而言，着重从劳资关系主体间的关系入手展开的研究为数不多。本书以企业劳资关系中的劳资主体关系为研究焦点，从大量研究中梳理出研究企业劳资关系的关系视角和历史经验视角，并归纳出构建和谐企业劳资关系的路径。

## 一、关系视角下企业劳资关系研究

现有劳资关系的主体研究大多是围绕工会而展开的，而围绕劳动者、企业和政府展开的研究相比之下数量有限。因此，本书系统梳理了我国学术界工会与国家、企业以及企业员工关系的企业劳资关系研究。学术界对中国工会的职能界定已经达成共识，即中国工会既是帮助国家解决劳资争议的国家机构，更是代表工人力量的劳动者组织。

1. 工会与国家的关系研究

在工会与国家的关系探讨方面，以陈峰、闻效仪的研究最具代表性。陈峰（2003）指出，市场经济环境下中国工会正面临着双重身份的冲突，而这也迫使工会同时扮演"说和人"（汪建华、石文博，2014）或"协调者"（孟泉，2013）的角色。值得庆幸的是，这种工会在国家和劳动者之间左右为难的困境在广东工会直选模式推行后得到初步改善（闻效仪，2014），而且一些地方政府也开始倡导"把权力交给工人"。伴随着研究的不断深入，乔健（2008）发现，工会组织不断向劳资关系主体靠近是国内特有的矛盾现象，这不仅代表工会是政府治理社会的力量延伸（Wen、Lin，2015），也代表工会是协调政府与劳动者关系的中间人。由此可见，中国本土情境下的工会组织是政府的下属机构（Zhang，2009），依附于政府的权力获得相应的经济支持、权力和身份，而这种政党嵌入工会内部的组织形式又是中国市场经济得以发展的现实基础。

2. 工会与企业的关系研究

工会与雇主的关系同样是劳资关系的研究热点。正如刘明威（2010）所言，谈判能力、对国家的依赖程度以及在雇主和管理者中的独立程度是决定工会力量的三大关键要素。此外，他还归纳出雇主和管理者在面对建立工会时的态度以及所采取的应对策略。在建立工会组织这一问题上，企业一般持积极主动、顺从、回避或忽略的态度。但是，当企业受到来自地方政府和制度的压力而被迫建立工会时，管理者一般会采取回避或压制策略。在压制策略下，企业工会的表现形式有两种：其一，企业工会完全受控于管理者，工会只是"流于形式"的劳动者组织；其二，管理者允许企业工会发挥基本职能和法定职能，如发放一些基本的社会福利、组织员工文化娱乐活动等，虽然工会组织能够发挥一些基本职能，但依然不能摆脱资方的控制甚至容易沦为资本的管理工具。此外，由于国有企业工会的领导者大都来自政党内部，其双重的身份属性和国有企业所肩负的社会责任导致国有企业工会的组织行为往往会受到多方面的约束（Zhang，2014），所以国有企业的工会组织往往带有鲜明的行政色彩，与此相对应的是其服务性能的弱化。近年来，工会组织不断向企业靠近（乔健，2008），同时企业也开始主动建立工会等现象都折射出劳资双方的利益趋同。

3. 工会与员工的关系研究

孟泉（2013）在阅读广州工会主席陈伟光先生的著作——《忧与思——三十年工会工作感悟》后提出，如果工会想要切实发挥其职能，就应该积极重塑工会和工人之间的关系。从市场化改革以来，尽管工会组织在会员和职工的维权能力上有所提升（乔健，2008），但是以南海本田工人的罢工为标志性事件所引发的一系列罢工运动也促进了工作场所层面的集体谈判（孟泉、章小东，2015），同时也再次将罢工行为置于劳资关系的规则重构体系中，从而导致罢工权的长期缺失。也有一些学者认为，伴随着集体协商制度的不断深化，工会与员工之间的距离越来越近（乔健，2008），而一些大型企业在其管理过程中实现了员工目标与组织目标的高度协同就是这一现象的有力证明（章凯等，2014）。由此可见，劳动者不断向工会靠近的现象也证明，劳动者开始接受工会是他们表达利益诉求的组织这一观点。

显然，工会组织已逐渐成为解决劳资问题的"平台"抑或是缓解劳资关系冲突的"中间人"，而政府、企业、劳动者与工会之间日渐紧密的关系也体现出我国企业劳资关系的日益复杂化。此外，互联网等多种新型商业模式下所衍生出的新型劳资关系及其互动模式也对国内企业劳资关系的格局重构发起了挑战。面对国内契约体系的不完善①，国内企业劳资关系表现为多种交换类型混合共存的状态（杨斌等，2014），所以国内劳资关系总体上依然呈现出"资本强、劳动弱"的特征。在当前个别劳动关系向集体劳动关系转型的重要时期，增强劳动者个体以及群体的权益维护能力依然是实现劳资力量平衡的根本途径之一。

## 二、历史经验视角下企业劳资关系研究

经过多年的研究积淀，学术界逐渐形成两条鲜明的研究路径，分别是纵向历史经验研究和横向历史经验研究，而且都取得了丰硕的研究成果。纵向历史经验研究是通过回顾企业劳资关系的发展过程，分析中国劳资关系的发展趋势。横向历史经验研究则是根据国外企业劳资关系的发展模式和改革经验提出适合我国劳资关系的发展策略。

### 1. 纵向历史经验研究

基于纵向历史经验视角，有关研究更倾向于探讨改革开放以来中国企业劳资关系的变化，特别是劳动者的权益维护。中国拥有着世界上最庞大的劳动力市场（Lee、Shen，2009），正如沈原（2006）所言，市场经济改革对产业工人阶级造成了极深刻的影响。回顾中国工人在过去三十年的变迁，弗雷德曼（2010）发现，中国的雇佣关系发生了质变，即从社会化雇佣关系转向以劳动合同为基础的契约式雇佣关系，这一变化揭示了中国劳动力的商业化过程。可以说，中国市场经济体制的改革历史也正是一部劳动力商品化的发展历史。随着市场经济改革的不断深入，雇佣形式变得更加多样化、灵活化，同时也激活了临时雇佣和劳务派遣等多种非标准雇佣方式，随之而来的还有良莠不齐的工作条件以及严重失衡的劳动收入，共同构成瓦解工人凝聚力的主要因素。进入 21世纪后，中国农民工的抗争行动经历了从消极到积极、从个体到集体的

---

① 这里主要是指契约体系中要件的缺乏，如产权结构模糊、社会分工体系尚未建立、契约精神缺失、法律制度不完善等。

变化（刘建洲，2011），这一现象反映出我国企业劳资关系正在从无序向有序、从简单向复杂转变，而且很多行业劳动者的维权也遵循着相似的路径，这种使用有序、有策略的集体抗争行动来表达劳动者权益的方式得到有效推广。

2. 横向历史经验研究

改革开放以来，国内劳资关系的发展一直沿着西方劳资关系的理论和实践的融合道路前行（刘英为、耿帮才，2013）。赵曙明和赵薇（2006）根据美国、日本和德国三国在劳资关系的特征、制度环境和集体谈判等方面的差异，对三个国家的劳资关系的管理制度进行比较研究，研究表明：企业劳资关系的相对稳定得益于明确的参与主体及利益代表者、健全的劳动立法以及居于中间立场的政府等。由于国内企业性质不一，导致资本构成成分也较为复杂，所以探索出发达国家的劳资关系管理的成功经验有利于宏观层面的制度建设。当然，也有学者针对同一劳资关系管理模式在不同情境下的演化进行研究，如一家德国公司将劳资管理模式迁移到位于中国和俄国的分公司时，所在国强大的政策阻力导致母公司的管理模式难以继续发挥其优势（Krzywdzinski，2014），还有可能破坏当地原本的劳资关系管理模式，甚至当中外企业劳资关系步入后金融危机时期可能还会发生一场巨变（乔健，2014）。陈少晖（2008）在分析西方国家的合作主义劳资关系理论后提出以三方（雇员、雇主、政府）伙伴合作为主要内容的新合作主义劳资关系模式是整合我国私营企业劳资关系的理性选择①。虽然也有一些研究表明，国内企业劳资关系在工会组织率、集体协商结构、灵活雇佣、劳动关系协调制度等部分指标上都优于其他工业化市场经济国家，但这并不表明国内企业劳资关系的整体表现好于其他工业化国家。由此可见，国外的伙伴劳资关系以及合作型劳动关系等都对于国内构建和谐的企业劳资关系具有很重要的借鉴作用（乔健，2014）。

---

① 陈少晖. 新合作主义：中国私营企业劳资关系整合的目标模式 [J]. 当代经济研究，2008，149（1）：24-28.

### 三、企业劳资关系研究新动向

在"新经济"时代下，经济、技术蓬勃发展，企业组织发生颠覆性变化。去中心、自组织的治理结构使得劳资关系出现如下现象：自由就业普及化、职业身份复合化、雇佣形式合作化以及岗位智能化。劳资关系由清晰转为模糊，由对立转为一定程度的融合，技术变革使组织形式发生变化的同时也使社会及政府政策发生改变，这将要求劳资双方探索新的合作方式[1]。技术的进步、互联网的发展以及"供给侧改革"等战略的实施改变了当前的经济发展模式。"分享经济"的兴起给劳动关系带来新的挑战。陆胤和李盛楠（2016）在分析美国 Uber 案后提出，分享经济让人员流动更频繁、劳动者工作更独立，同时也使得劳动关系变得模糊[2]。肖潇（2018）指出"分享经济代表了新福特主义与后福特主义积累体系的折中，将使劳资关系的运行走向一个新阶段"[3]，其运用马克思主义的研究方法，得出分享经济的出现提高了劳方对资本主义生产方式的认同，但也加深了资方对劳方的控制的结论。

## 第四节　和谐劳动关系的研究及启示

改革开放以来，中国的劳动关系从计划性走向市场性、由简化走向多样化，实现了重大转变（中央有关部门联合调研组，2011），反映了中国劳动关系未来的发展方向，即建立与社会主义市场经济制度相适应的劳动关系（吴清军、刘宇，2013）。目前，中国的劳动关系正处于从

---

① 王岳森. 知识经济时代的劳资关系及和谐社会建设 [J]. 社会科学研究，2006（6）：36-40.
② 陆胤，李盛楠. 分享经济模式对传统劳动关系的挑战——美国 Uber 案和解的一些借鉴 [J]. 中国劳动，2016（16）：45-51.
③ 肖潇. "分享经济"背景下劳资关系的演变趋势探析 [J]. 探索，2018（2）：185-189.

个别劳动关系向集体劳动关系转变的关键转折点（常凯等，2014），并呈现出独特的时代特征。例如，农民工和非公有制企业成为劳动关系的调整重心、互联网技术带来新的劳动关系调整模式致使非标准劳动关系凸显、劳资双方间冲突矛盾的调和难度日益增大、劳动争议案件数量保持高位运行、争议处理机制逐渐"老化"等（冯同庆，2015）。虽然这些新特征、新问题是市场化进程中的必然产物，但却体现出劳动政策体系亟待完善，更反映出理论层面的劳动关系评价研究成果已难以满足现实层面中劳动关系调整的现状。

尽管目前已有大量关于不同所有制、不同行业甚至不同企业的劳动关系评价标准的研究，但是多数评价体系由于缺少坚实的理论基础从而导致其在理论价值与实践运用方面经常受到批判或质疑，这也正是目前很多劳动关系评价体系存在的研究局限。因此，本书定位于和谐劳动关系，以国内学者广泛研究的和谐劳动关系与国外学者主要关注的合作型劳动关系为理论基础，结合国内外学者对这两种劳动关系评价体系的研究思路，并在此基础上指出现有研究在构建和谐劳动关系评价体系中的应用价值和局限性，进而提出构建与我国劳动关系现实情境相适应的和谐劳动关系评价体系的基本原则，以推进我国和谐劳动关系的建设。

## 一、关于和谐劳动关系的研究

国内学者的研究重点主要被确定为和谐劳动关系。和谐劳动关系是一种能够保证劳动关系中各主体都各取所需、能够保证和谐相处的劳动关系。朱勇国和张楠（2012）认为，从概念内涵及外延来看，合作型劳动关系与和谐劳动关系既存在区别又有共性；从利益角度来看，合作型劳动关系中的各主体拥有共同的利益诉求，而和谐劳动关系中的各主体尽管是互利合作关系但利益诉求并非相同；从实现方式来看，合作型劳动关系更强调劳资双方共同参与管理决策，更关注主体之间的行为互动，而和谐劳动关系则侧重于描述劳动关系的状态。两者之间的共性主要体现在以下三点：一是都强调互利共赢的合作方式，二是都要求保障各利益主体各得其所，三是都承认劳动关系冲突的存在。因此，和谐劳动关系是劳动关系各主体基于相互信任、相互承诺而建立起来的拥有共同目标的，同时强调各主体共同治理的新型劳动关系互动模式。

1. 中国企业劳资关系现状

2011 年，中央有关部门联合调查研究小组发布了一篇名为《构建和谐劳动关系》的调查研究报告，指出我国劳资关系整体上是和谐的，但其中依然不乏一些基础的劳资问题没有得到重视，所以针对劳资关系的研究不仅应该围绕关系主体而展开并且还应该与工作本身相联系。国内企业之间的劳资关系从制度层面来看，主要有以下三个方面的问题：一是劳动合同制未建立统一评价指标体系；二是主体及其利益代表者职责不清，所以导致工会几乎成为工人力量的形式化代表；三是劳动争议的处理方式应多样化等（乔健，2015）。除法律体系不完善外，劳资关系主体也存在一些问题，如部分企业经营者的法律意识、责任意识、诚信意识等薄弱；职工表达利益诉求的方式简单、维护权益的手段粗暴（中央有关部门联合调研组等，2011）。

周晓光（2015）运用 279 组群体性事件数据来总结归纳中国劳资冲突的现状和特点，研究表明，以 2008 年为时间转折点，这一时间节点后的群体性劳资关系事件无论是在数量上还是在规模上都呈现不断扩大的趋势，而且事件的关键起因几乎都聚集到经济争议上，参与人员以东部沿海经济发达地区的外资企业和私营企业的员工为主。步入经济新常态时期，企业劳资关系呈现出稳定性降低、劳资谈判能力总体差距减小、层级化特征突出、争议潜在发生率上行、调控力量多元化等阶段性特征和趋势（胡磊，2015）。经济新常态对于构建和谐劳资关系而言是一把"双刃剑"，其现象是劳资关系主体之间的矛盾和冲突再升级并以新形式爆发出来。究其原因有以下三点：一是劳动力市场、工资水平、物价水平的变化以及政策松绑等外部因素导致员工的利益诉求和议价能力有所提升（Elfstrom、Kuruvilla，2014）；二是劳动政策的不完善、劳资关系治理机制的不健全使劳资双方的博弈机制无法发挥作用（周晓光、王美艳，2015）；三是长期的低成本竞争战略以及不注重人文关怀的管理方式进一步加剧了矛盾和冲突。

2. 关于构建和谐企业劳资关系路径研究

沈原（2006）指出，实现集体层面的劳工三权和个体层面的公民权是平衡劳资力量的关键所在。赵春玲和殷倩（2009）从利益表达的角度分析了劳资冲突的成因，并进一步提出，国内企业劳资冲突的深层次原因在于劳方在利益表达的意识和渠道上受限以及政府在转型期角色转换不到位。因而不断完善利益表达机制是构建和谐劳资关系的支撑条件。还有学者表示，公平和效率的并重与统一是和谐劳资关系建设的基本准则（韩金华、孙殿明，2008）。关于构建和谐劳资关系的路径研究，管理学者则更倾向于利用模型揭示劳资关系之间的内在运作机理及其应对策略。陈万思等（2013）通过研究发现组织公平感是参与式管理对和谐劳资关系氛围影响的关键中介。另一项研究是以劳资关系氛围为自变量、以双组织承诺为因变量，证实劳资关系氛围与双组织承诺之间存在显著的正相关关系（胡恩华，2012），也表明营造和谐的企业劳资关系氛围有利于提升员工的忠诚度和满意度，从而为劳资关系主体在意识层面的建设工作提供新思路。

中国市场经济改革建立在现代企业制度的建立、市场竞争机制的引入以及产权公有制改革的基础上（刘林平、崔凤国，2012）。另外，经济体制改革、利益格局调整、思想观念变化、社会结构变动等均会对企业劳资关系产生影响（中央有关部门联合调研组，2011）。正所谓，企业兴盛则国家经济兴盛，企业员工稳定则社会稳定（乔健，2015），构建和谐企业劳资关系的重要性不言而喻。

根据研究关注点的不同，和谐劳动关系的相关研究基本被划分为两类：第一类是以西方学者为主的合作型劳动关系研究，第二类是以我国学者为主的和谐劳动关系研究。这两类研究之间既存在不可分割的联系，同时又存在本质上的区别。

合作型劳动关系是合作伙伴关系理论在劳动关系领域形成的新理论（Martin 等，2003），研究成果主要集中在劳资合作与合作伙伴关系两方面（赵卫红等，2015）。劳动关系的最高形式可以确定为劳资合作（李贵卿、陈维政，2008），因此也被视为形成合作型劳动关系的现实支持。而合作型伙伴关系是一种劳动者（或工会）与雇主（或管理者）基于互信所形成的互利共赢的交互行为，其结果有利于劳资双方（Lee，2009）。但在日常的劳资行为互动中，双方必须就劳资冲突做出适当妥协（Bradley、Gelb，1987），推动劳资关系不断趋于合作伙伴关系，以此来维持劳动关系的有效性和延续性。从合作型劳动关系的特征、原则及影响因素出发来界定其内涵已经成为一种研究范式。Lee（2009）根据 139 家公司的调查数据探索了合作型劳动关系管理对组织执行力和劳动关系管理的影响，研究结果显示，影响劳资双方合作的主要因素是双方努力工作的程度、信息共享、经济奖励的公平性、员工培训的投入、员工参与管理的程度，而且这些因素都与劳动关系质量正相关。Hough 和 Spowarttaylor（2001）以英国经济政策和公共管理政策的改革为背景提出了劳动关系需适应伙伴关系模型，并指出合作型劳动关系的关键在于提升工作生活质量、保障工人尊严、建立信息共享的机制、员工参与决策、工作场所安全、就业保障、经济奖励特别是创新奖励。也有研究认为，合作伙伴应该具备拥有一定优势或专长、承认彼此之间的合作关系、建立基于信任的员工关系管理这三大基本原则（Heaton 等，2002）。由此可见，真正的伙伴关系必然是建立在信任的基础上，而这种信任往往源于劳资双方互相倾听、互相信守承诺的建设性对话（Pembroke、Neil，2013）。Kochan 等（2008）则更强调劳动者参与企业决策的权利，他们认为伙伴关系是一种能够支持工人和工会参与到企业决策中的新型劳动关系，进一步拓展了员工参与企业决策的范围（Kochan 等，2008）。通过对上述文献进行回顾和梳理后发现，西方学者主张，雇主及其管理者在构建合作型劳资关系的过程中应该遵循这样一条路径：建立基于信任的、以员工参与决策为主的劳动关系管理模式，在积极解决劳动问题、减少临时雇佣承诺（Bradley、Gelb，1987）的同时增加企业成功的承诺（Hough、Spowart-taylor，2001）。

## 二、和谐型劳动关系评价体系的研究述评

劳动关系评价标准是测量劳动关系质量的工具和理论依据，更是劳

动关系理论的外延。之所以有必要梳理出和谐型劳动关系评价体系的有关研究，是因为评价体系本身就是用来反映劳资关系的，由评价体系可以看出劳资双方对彼此关系的关注点，从而探索出测量劳资关系质量的有效方法。依据构建指标体系的核心，本书梳理出劳动关系评价体系的四种研究视角。

1. 劳动法逻辑视角下的和谐劳动关系评价体系

由常凯（2009）带头提出的企业劳动关系指标体系在诸多劳动关系评价体系中最具代表性和权威性。其中，劳动关系的运行和协调主要体现在劳动合同、集体协商和集体合同、工会组织、劳动规章制度、员工民主参与、劳动争议处理以及劳动管理等方面；劳动关系的表现和产出则是通过工资工时、社会保障、员工发展、职业安全与健康、就业培训和公司业绩等指标进行评估。这套劳动关系评价标准引领了我国劳动关系评价体系的研究热潮，但其体系构建始终遵循劳动法的内在逻辑，因此具体的评价指标均为制度化的硬性指标。此外，现有研究中的劳动关系评价研究方法的科学性和合理性还尚待验证。因此，黄新萍等（2013）利用273家企业的调查数据建立了一个适用于中国企业的和谐劳动关系评价指标体系，其中一级指标主要有工资报酬的分配、培训教育环境和工作环境、工会与劳动争议等。即使已有学者基于劳动关系的特点开发出适用于转型期的劳动关系评价指标体系，并抽取不同所有制、不同规模、不同行业的企业进行对比分析（袁凌等，2014），但是仍应遵循劳动法的逻辑进行指标内容的设置。根据上述已有研究，这种以劳动法的逻辑思想为研究框架而构建的劳动关系评价指标体系，其指标内容大多属于硬性指标，具有更客观、更公平、易测量等优点，但也容易使劳动关系评价流于形式。因为其评估结果在反映深层次的劳动关系质量上还稍显薄弱，而且也没有全面反映其他劳动关系主体之间的关系质量，如企业与政府、企业与工会的关系状况。

2. 劳动者视角下的和谐劳动关系评价体系

面对"资本强、劳动弱"的劳动关系现状，更多的研究在测量劳动关系质量时都更关心劳动者处于弱势地位的权益是否得到保障，这已成为学者广泛关注的研究热点。根据研究侧重点不同，可以将已有研究中着重考察劳动者权益的评价体系归为两类：一类是以劳动条件和劳动标准为评估重点的指标体系，另一类是以测量劳动者对劳动关系的感知为核心的指标体系。

秦建国（2008）利用定量分析法构建个别劳动关系的评价体系，一级指标包括工作条件（平等就业、劳动保护）和劳动标准（劳动报酬、社会保险、劳动时间）。贺秋硕（2005）也赞同这一观点，她认为，除上述五个指标之外，劳动者的就业状况、劳动民主程度、就业环境以及发展前途也是影响企业劳动关系是否带有合作性质的重要因素。李长安和王琦（2014）根据"目标层—准则层—子准则层"的结构层次体系开发了一个测量青年白领劳动关系满意度的评价指标体系，研究发现，工资福利、社会保障、劳动合同、员工关系、诉求机制、工作环境、职业发展等指标对青年白领的劳动关系满意度的影响更大。此后，李玉龙和宋雅杰（2016）将组织文化、社会经济、制度安排、个体要素和劳资关系作为准则层，建立包含 10 个一级指标的劳动关系评价指标体系。此外，有人研究开发了一种基于文化认同度的企业劳动关系指标体系，主要包含物质文化层面的认同度（薪酬福利、工作环境、工作岗位）、精神文化层面的认同度（职工文化、企业氛围）、制度文化层面的认同度（管理制度、权利保障）三个一级指标（马翠华、孔繁祎，2015）。值得注意的是，该研究在理论内涵上赞同赵海霞（2007）的观点，但是在指标体系构建中并没有使用相应的理论外延——评价体系，而是借鉴吕景春和李永杰（2005）提出的文化认同度的三个结构层面来构建指标标准。由此可见，这种劳动关系评价标准着重考察劳动者对劳动关系的感知，充分考虑到我国目前"资本强、劳动弱"的特征，但是指标测量大多是由劳动者一方进行评价，无法体现出劳资关系各主体之间日常的行为互动，因此其测量结果在有效揭示劳动关系质量上存在不足。

3. 利益均衡视角下的和谐劳动关系评价体系

近年来，不同层面的劳动关系评价标准都存在一个共同的问题，那就是没有兼顾劳资双方的利益，尽管反映劳动者权益维护状况的指标越来越多，但却改变不了资方势力强而劳方势力弱的劳动关系现状，其中一大原因便是没有考虑企业正常发展的需要在评价体系构建中发挥的作用（孟大虎等，2016）。

但是伴随着研究的不断深入，很多学者逐渐意识到劳资均衡的劳动关系评价思想不仅能够反映劳动关系的切实状况，也有助于健康可持续的劳动关系发展。例如，渠邕和于桂兰（2014）提出相对和谐的劳动关系概念，并倡导从雇主和员工对劳动关系的满意度方面来评估企业的劳动关系。在具体指标体系构建中，他们结合劳动力市场中雇主主导、劳动者从属的现实情境，一方面通过企业资源和投入意愿衡量雇主对劳动关系的满意程度，另一方面利用员工的生存需求、关系需求和发展需求测量雇员对雇主的满意度。借助劳动关系满意度的评价体系属于主观性评价，需要测量劳资双方的满意度，这种指标体系能够在一定程度上消除硬性指标的弊端（孙瑜、渠邕，2014），也能更直接、更真实地反映劳动关系的运行状态。此外，史青春和王平心（2010）构建了一个伙伴关系概念评估模型，并从主体之间的互动程度和伙伴关系认同程度两个方面来评价劳动关系。其中，互动性包括决策公平度、资源交换程度、解决冲突的能力、互惠责任、伙伴事务的参与程度以及信息透明度；合作关系的认同程度可以从对方的组织文化、核心竞争力、组织使命、对方对组织认同和合作关系认同的一致程度等方面进行衡量。尽管这种评估标准关注到劳动关系的外在、内在过程，可以较全面地感知到关系的紧密程度和健康状况，但是只能监测短期内的劳动关系状况。而对于长期的合作关系管理，还需要各主体积极主动寻求良好的沟通机制和反馈机制，只有这样才能界定清楚主体之间的权责、利益分配，创造可持续的劳动关系。

4. 劳动关系氛围视角下的和谐劳动关系评价体系

劳动关系氛围作为衡量劳动关系质量的新兴视角，经过二十多年的发展取得了丰硕的研究成果，而且已经成为劳动关系评价领域中一个显著的研究方向。研究初期，Ali 等（1989）开发测量劳动关系氛围的五个维度，包括和谐、开放、冷漠、敌对和即时性。Deery 和 Iverson（2005）使用合作型劳动关系氛围的量表进行测量，利用组织公平、共享信息、促进工会事务、开发沟通等指标测量管理者对工会和员工的态度；借助谈判方法、给予会员的反馈以及工会的功能性考核工会的作用；采用合作信念、维系良好关系等指标来评判员工作为组织参与者的信念和行为。崔勋和吴海艳（2011）建立劳动关系氛围评价的两个维度：合作与对立、积极与消极，又将劳动关系氛围分为积极合作、积极对立、消极合作与消极对立四种类型。此后，崔勋等（2012）通过研究发现，劳资共赢氛围相比于员工参与的劳动关系氛围更能够显著提升员工的内在和外在满意度。不难看出，劳动关系氛围作为评价劳动关系质量的新准则有效弥补了制度层面的硬性指标的缺陷，但其评价指标更倾向于把劳动者及其利益代表者工会当作一个单独的个体，但忽视了非正式组织在其中起到的作用。

### 三、不同视角下和谐劳动关系评价体系的利弊分析与思路重构

1. 不同视角下和谐劳动关系评价体系的利弊分析

基于以上研究，本书认为，无论是出于哪种视角构建的劳动关系评价体系都存在三个方面的问题。首先，从指标属性上看，遵循劳动法逻辑视角的评价体系的指标具有客观性、公平性和可比性等优点，但大多指标都属于制度化的硬性指标，所以这种以劳动法思想构建的评价体系容易使劳动关系评价停留在制度层面，而恰恰是基于劳动者感知、劳动关系氛围的评价体系能够有效弥补这一缺陷。其次，从指标内容尤其是反映行为互动的指标上看，尽管重视劳动者权益和感知的评价体系考虑了我国"资强劳弱"的劳动关系现状，但是很多评价体系都是在测量劳动者一方对于劳动关系质量的感知情况，而忽略了管理方的评价感受。因而，基于劳动法逻辑视角和劳动者视角下的评价体系都揭示了局部的劳动关系状况。值得注意的是，从劳动关系氛围视角进行研究是一种将各利益团体视为一个整体的研究思路，强调的是各利益团体之间行为互动的质量，但没有考虑非正式组织之间的互动对个人行为的影响。最后，从指标效用的角度出发，目前中国主要采用的是全国总工会制定

的八项标准以及学者提出的劳动关系评价指标（孙波，2014），但是其评价结果的真实性和全面性还有待验证。此外，很多公共机构在很长一段时间里都使用同一标准对劳动关系质量进行评估，缺乏对劳动关系标准的及时修正，在充分反映我国劳动关系的现实状况以及根据评价结果改善劳动关系质量方面有所欠缺。

2. 重构和谐劳动关系评价体系的思路

本书认为，构建和谐劳动关系评价体系主要基于以下三项基本原则：其一，在内容方面，包含制度层面的硬性指标和行为互动层面的软性指标；其二，在兼顾劳动关系各主体的利益的同时对弱势主体有所侧重；其三，劳动关系评估体系应该根据实际情况进行及时调整。

在评价维度和指标内容的选取上，和谐劳动关系质量评价体系应该由制度层面的硬性指标和行为互动层面的软性指标所组成，同时兼顾劳动关系各主体的利益均衡。与合作型劳动关系相似，和谐劳动关系的测量维度主要包括劳动就业、薪酬待遇、工作条件、社会保险、内部关系、争议处理、企业效益、社会形象等。与之互补的是行为互动层面的软性指标，这也是我国和谐劳动关系评价体系的亮点所在。行为互动层面的评价需要从集体劳动关系和个体劳动关系两个角度入手来评估互动行为。对于集体劳动关系而言，主体之间的互动程度以及彼此对合作关系的认同程度是评价体系的重要组成部分。其中，互动程度可以从决策的公平程度、资源的交换程度、解决冲突的能力、互惠责任、信息透明度、员工参与程度以及管理者、工会领导者、劳动者组织文化等方面进行评估。对于个别劳动关系来说，可以借助组织文化、制度安排、社会经济以及主体的生存需要、关系需要和成长需要等研究劳动关系主体对合作关系的态度。

## 四、和谐型劳资关系评价文献述评与总结

在经济发展的新常态下，中国的劳动关系出现了一些新的特点，同样也面临着许多新问题和新挑战，一方面表明我国劳动关系政策体系的继续建设工作需要以解决现实问题、防患未然为主要依据，另一方面也

折射出现有评价体系在彻底揭示劳动关系现状的问题上存在一定的局限性。尽管目前已有大量针对不同层面、不同所有制甚至不同行业的劳动关系评价标准的研究，但是由于缺少必要的理论基础，很多评价体系在理论价值与实践运用方面备受批判。这也是当前许多劳动关系的评估系统存在的一大关键缺陷。因此，本书聚焦于我国独特的和谐劳动关系，并从现有研究中勾勒出构建劳动关系评价体系的四种思想，也就是劳动法逻辑视角下的劳动关系评价体系、劳动者视角下的劳动关系评价体系、均衡视角下的劳动关系评价体系以及劳动关系氛围视角下的劳动评价体系。之后，本书分析这四种研究视角对于彻底揭示劳动关系状况的应用价值和局限性，从而提出适应当前情境的劳动关系评价体系构建的新思路：一是在兼顾劳动关系各主体利益的基础上，对弱势劳动群体有所侧重；二是在指标内容的构建上，需要涵盖制度层面的硬性指标与行为互动层面的软性指标；三是根据劳动关系的现状，及时调整劳动关系的评价体系。这也正是构建适应我国劳动关系现实情境的评价标准应该遵循的三项基本原则。

虽然和谐劳动关系评价体系研究起步较晚，一些评价标准甚至缺乏理论基础，但是从整体上来看，劳动关系评价体系正在朝着更实用、更精细的方向迈进。而和谐作为我国劳动关系发展所不懈追求的目标，已经成为近年来学术界广泛关注的热点议题并取得丰硕的研究成果。本书认为，公共部门在开展和谐劳动关系质量评价时，无论是按照区域、所有制还是行业划分进行评估都应该根据上述三项基本原则来制定劳动关系评价标准。具体而言，在评价结构上，不仅需要适当侧重弱势劳动者群体，而且需要兼顾劳动关系各主体之间的利益均衡，只有这样才能保障劳动关系的延续性；在评价指标上，应该涵盖反映制度执行情况的硬性指标以及体现劳动关系各主体之间日常行为互动质量的软性指标，从而全面揭示我国劳动关系的现状；在评价体现的更新速度上，公共部门制定的劳动关系应该针对当前劳动关系的现实状况对评价标准及时做出调适，从而保证评价结果的时效性。上述三项基本原则通过保障劳动关系质量评价的延续性、全面性、时效性，从而帮助国内劳动关系健康有序发展。本书为我国公共部门的劳动关系评价体系的调整路径提供了理论依据和实践参照。诚然，任何研究都存在缺陷，本书仅为当前劳动关系的评价体系提供一个重构思路，日后可以沿此方向进行深入研究。此外，关于和谐劳动关系评价体系的未来研究不仅可以从指标内容的选取上继续跟进，还可以从评价体系构建的方法上着手。

# 第三章 企业双元创新的内涵及外延

作为一种普遍存在的社会关系，劳资关系自企业出现就已存在，并随着企业发展的不同阶段以及不同经济时期的现实需求而不断做出调整。面对经济结构转型、升级的关键时期，生存在变幻莫测的市场环境中的企业要想取得成功就必须既能为满足未来的需求而进行创新，同时也能有效发挥现有商业模式的价值，即组织具有二元性（Duncan，1976）。从组织二元性视角来看，以知识建构层次为划分依据，将组织创新划分为利用式创新（Exploitative Innovation）和探索式创新（Exploratory Innovation）。因此，组织创新的深度离不开组织学习的层次，所以也就不难理解为什么组织创新常常与组织学习相联系，而且该领域的研究专家马尔希（March，1991、1996）所提出的双元创新的概念也正是以双元组织学习为基础的。与此同时，组织创新在企业的技术创新与管理创新方面都具有极强的解释力，有助于形成自身的竞争优势，特别是对于创业型企业来说更是如此。值得注意的是，若企业长时间推行某一种创新活动，其结果很可能落入相对应的能力陷阱，若只进行利用式创新容易陷入成功陷阱，而只进行探索式创新又容易陷入失败陷阱。因此，本章采用最经典的组织学习视角，从概念及内涵方面入手，分析利用式创新和探索式创新，并分别深入探讨基于不同组织学习层次的创新活动与技术创新、创业企业、管理创新、能力陷阱之间的内在联系。

此外，由于组织资源的稀缺性以及不同的思维方式和不同的组织管理方式，两种创新活动之间存在着天然的对立（March，1991，1996），然而由这两种创新活动所引发的竞争效应并非不可调和，而且在某些前提条件下还可能存在互补效应。从总体的研究趋势来看，围绕双元创新的概念研究始终以两者之间的竞争效应和互补效应为核心，并逐渐延展到利用式与探索式这两种创新需求之间的平衡。通过对大量既有研究进行回顾和梳理，本章构建的企业双元创新的一般研究框架如图 3.1 所示。

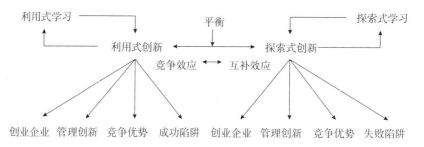

图 3.1　企业"双元创新"的一般研究框架

# 第一节　利用式创新

## 一、利用式创新的概念及内涵

　　利用式创新是一种对现有的能力、技术和范式进行深入挖掘或扩展的行为（March，1991），主要实现路径为知识资源、技术手段、管理方式和管理流程等方面的整合或深度开发。这种创新方法强调基于现有的知识进行改进和应用，并且不会产生全新的知识（林秋月等，2010），即知识搜寻局限在既有的职能范围内（王朝晖，2011）。例如，提高现有产品质量、增加产品系列、改进生产灵活性、降低生产成本、减少原材料消耗等都是建立在已有知识基础上的行为（He、Wong，2004），都属于利用式创新。也就是说，利用式创新是在一些已被认可和未被承认的约束条件下进行的（王朝晖，2011），而这就是利用性创新始终要面临的现实状况。

　　利用式创新是一种以细化、执行、效率、选择为特征的组织行为（March，1991），往往与机械式组织结构、紧耦合系统、路径依赖、程序化、控制、官僚主义、稳定的市场及技术息息相关（Lewin 等，1999）。而利用式学习是一种以细化、选择、实施、执行等为特征的学习活动（张振刚等，2014），旨在提升效率、扩大生产，倾向于在现有知识领域内进行精细化操作，其目标是通过不断改进来提高组织层面的运行效率（Yalcinkaya等，2007）。鉴于利用式创新是基于路径依赖的学习过程（Zott，2003），并具有可预测性，所以组织通常更倾向于选择这种回报周期短、效果稳定的创新方式（March，1991）。这就不难理解为什么利用式创新是对技术生命周期有利的部分进行投资（Looy等，2005）。此外，从员工层面来看，利用式创新意味着组织成员的经验总结，具体指为了提高现有产品的技术性能并不断满足顾客的现实追求，个体在固有的技术轨道、组织结构、管理方式或流程的基础上进行经验总结并实现对现有组织能力的改进，这种行为具有显著的可预测性以及较好的稳定性。

基于对现有的顾客和市场需求的理解，实施利用式创新的组织要持续地对生产与研发技术、组织结构、管理制度等多方面进行改进，扩展学习的深度（王朝晖，2011）。这些特点是判别一个组织是否存在利用式创新活动的关键依据，同时也是衡量组织利用式创新程度的评价参照。简言之，利用式创新可借助组织搜寻、吸收和应用知识的深度来测量，代表着一个组织重复利用现有知识的深刻程度（Katila、Ahuja，2002）。利用式创新的主要目标是实现组织的战略目标（王朝晖，2011），所以组织通过利用式创新实现其战略目标的路径主要有两条：一是侧重利用式创新的组织主要依赖组织的现有知识进行深入拓展，所以其产品和服务的创新也主要是针对现有的客户群体（Jansen等，2006），即旨在改进现有的产品市场（He、Wong，2004）。二是通过对现有技术的提炼进而提高生产率（Levinthal、March，1993）。

此外，容易与利用式创新相混淆的名词包括利用式联盟、利用式学习、渐进式创新和低成本利用式创新等。其一，利用式联盟是从商业网络视角出发，指的是企业为了实现技术商业化（He、Wong，2004；Hagedoorn、Duysters，2002），进一步巩固与现有的伙伴的关系，从而形成有利于组织生存和发展的环境（Yang、Demirkan，2007）。其二，从组织知识存量的角度出发，将组织学习划分为利用式学习与探索式学习（March，1991）。其三，渐进式创新与利用式创新本身存在较大区别。从适用层面而言，利用式创新强调企业层面的创新活动，而渐进式创新是对产业层面的创新活动的描述；从感知时序的角度来看，利用式创新是组织内部事前学习行为的倾向（He、Wong，2004），而渐进式创新通常是在事后即活动结束后对技术所实现的创新程度的感知。其四，低成本利用式创新描述的是组织基于现有的技术和知识，为满足现有顾客和市场需求目标，以低成本进行创新活动，并通过新的方式不断降低成本（朱雪春、陈万明，2014）。

## 二、利用式创新与组织学习

组织学习在理解和预测组织绩效方面拥有很强的解释力（Edmondson，2002），而且围绕这一议题的研究也是近年的研究热点。组织学习理论认为，组织变革的核心是学习，所以组织需要通过各种学习行为提升、挖掘和转变其自身能力。组织通过利用式学习改善或扩展固有的知识体系和知识架构，进而提升现有组织能力及其运营效率（March，1991）。利用式学习具有强烈的路径依赖性，鼓励经常性地参加某一活动，从而进一步提高了他们的利用式学习能力（Levinthal、March，1993）。因此，利用式学习容易使组织陷入同一的生产模式或发展模式中。

利用式学习指的是那些提炼现有知识和技能的学习行为（Kostopoulos、Bozionelos，2011），是基于组织现有的知识架构进行的深入挖掘和拓展，旨在全面充分挖掘并利用组织现有的以及一切与现有知识相关的知识（蒋春燕、赵曙明，2006）。这种学习方式有助于实现组织内部的专业化分工，同时也有助于组织知识结构和技术手段的更新与重组，所以利用式创新主要表现为组织的知识吸收能力和处理能力的增强（Kostopoulos、Bozionelos，2011）。从创新方式的匹配度来看，相较于探索性创新，利用式学习对利用式创新的影响更显著（Geoffrey，2006）。据此可知，上述研究都是基于组织层面的研究观点进行的，虽然指出组织创新的大致路径但却没有提出详细的管理方式。Robson 等（2008）认为，个体的心理安全可能是促进利用式学习的重要前因变量，并且通过两条路径影响利用式学习。其中的一条路径是：心理距离会影响团队成员在接受相同的知识时所感知到的被监控程度，能够让组织成员在小组学习中提升自身的专业知识水平，以此来保障成员利用新的知识体系去做出更加有利于本组织的决策和行为。另一条路径可以总结为：心理距离通过影响组织氛围进而干预个体的利用式学习效率。具体地讲，高效的利用式学习必然需要组织内部高质量的人际关系作为支撑（Wong，2004），只有这样成员才能在安全的心理距离下营造出能够支持和利用现有知识和技能的组织氛围（Kostopoulos、Bozionelos，2011）。

## 三、利用式创新与创业企业

与步入发展正轨的企业相比，新创企业更需要关心企业如何生存、如何发展才能成功闯过最困难的初创期，避免创业失败的难题（Song等，2010）。双元式创新是企业实现生存的关键力量（Katila、Ahuja，2002）。一般情况下，初创企业多以探索性创新为主，而在发展的过程中一直伴随着利用式创新。以利用式创新为主的组织往往更大更集中，其企业文化和运作流程之间的联系也更加紧密（Benner、Tushman，2003），所以利用式创新是增强企业竞争能力的关键力量（Jansen 等，2006）。值得注意的是，利用式创新也被描述为常规的知识搜索过程，其原因主要是这种创新方式增加了组织现有的知识基础而且还没有改变组织的活动性质（Duysters 等，2007）。

利用式创新的效率低往往是因为买卖双方的信息不对称，而信息的传递必然需要一定的时间和空间（Shane、Venkataraman，2000）。对于初创期的企业而言，决策者常常会面临到底是选择利用式创新还是选择探索式创新的决策困境，例如，改进现有产品或挖掘现有市场可能会受到老客户的排斥或带来市场占有率下降的风险。但无论选择哪一种创新方式，初创企业必须要在最初的一个甚至是多个回报周期中投入大量金钱成本和时间成本（Venkataraman，1997），在不断调整利用式创新活动过程中窥探市场反应并寻找新的市场机会。当市场的预期需求很大时，创业者为尽快满足市场需求通常会选择利用式创新并将这一需求信息传递给上游供应商，而供应商在得到创业者的需求信息后会利用他们所掌握的资源逐步抬高上游资源的价格，持续走高的上游资源成本增加了后进入者的市场壁垒，而创业者抓住早期的市场需求并从中获得收益（Shane、Venkataraman，2000）。

## 四、利用式创新与管理创新

利用式学习对管理创新产生显著的积极影响，这一观点逐步得到许多学者的支持（张振刚、余传鹏，2015）。与技术创新的内涵不同，管理创新是指相对于当前状况而言，包括新的管理制度、管理流程、组织结构和人员管理方式等的形成和实施（李燚，2007；Birkinshaw，2008）。而在现实的管理情境中，管理者更喜欢借鉴或引入成熟的管理理念、管理思想和管理方法，如根据其他组织得以成功的经验、管理专家的建议以及咨询管理机构提供的执行方案等建议，并结合组织自身的实际情况进行一系列的调适、整合（张振刚、余传鹏，2015），直至形成适宜本组织的、新的管理模式。

毫无疑问，组织利用式创新的路线必然也会对管理创新中的人力资源投资和员工管理产生影响。从互补性理论的研究视角出发，如果组织对员工的人力资本投资与员工对自己的人力资本投资高度互补时，组织投资的平均收益将会高于单个员工人力资本的投资收益；当组织对员工的人力资本投资与员工对自己的人力资本投资有所重叠时，若一名员工预测其他组织成员不会对自己投入高的人力资本，则他也不会对自己的人力资本投入过大，可能是因为个体的高人力资本所取得的额外收益将被其他组织成员所分享①。

与此同时，管理创新也会反过来对利用式创新产生显著的积极影响。从组织结构来看，多层次的组织结构更有利于利用式创新活动的开展（Raisch、Birkinshaw，2008），所以利用式创新更适用于成熟的组织。另外差错管理气氛也同样是影响公司创新的前因变量之一，负面的

---

① 王朝晖，刘嫦娥. 智力资本要素内部契合对探索式创新和利用式创新的影响 [J]. 科技进步与对策，2017（3）：1-8.

差错管理气氛更为严格，并且组织文化较为严肃，所以能促进组织的利用式创新（李忆等，2013）。

## 五、利用式创新与竞争优势

双元能力关乎整个企业核心竞争力的保持（王丽平等，2011），利用式创新在提高组织短期运行效率、提升当前收益水平方面都有较为积极影响（March，1991）。利用式创新可以帮助企业在目前已经领先的市场地位的基础上将竞争优势固化并保持尽可能长的收益时间（Levinthal、March，1993；王丽平等，2011）。假若企业想获得尽可能长的收益时间，就需要使大量的现有消费者转变为产品或服务的次要使用者，或者市场对传统技术的需求正在逐步增加，这时利用式创新才会大幅推动企业发展（Lee等，2003）。

一直以来，学者都会就通过利用式创新获得竞争优势的议题展开热烈讨论，提出增强企业核心竞争优势的多条管理路径，这些管理路径主要表现在人员招聘、企业战略和外部环境等方面。首先，组织把招聘新员工作为激发创新、保持长久竞争力的重要途径，但是新员工的组织适应与创新之间本身很难同步推进，甚至还会出现互不相容的情况。因此，为了解决新成员的"悖论问题"，组织既需要新员工在适应组织的同时完成工作任务，又需要激发新员工的创新行为以增加组织活力（Bauer等，2007）。其次，利用式创新与企业战略的契合程度也同样会影响公司的竞争优势。Miles等（1978）提出了四种经典的战略类型，即防守者战略、分析者战略、前瞻者战略以及反应者战略（1978）。对于采用防守者战略的公司而言，它们更关注特定的产品和市场，并且倾向于选择利用式创新（Menguc、Auh，2008），但由于利用式创新所带来的边际收益正在逐步减少（Auh、Menguc，2005），所以基于防守者战略和利用式创新下的组织竞争优势显得较为孱弱。最后，利用式创新与外部环境的匹配程度也是影响组织竞争优势的关键因素。利用式创新往往是沿着组织原有的战略路线而发展，所以其竞争优势对现有技术和能力的依赖性很强，这就导致企业难以快速应对市场对产品或服务的新的技术要求（李巍，2015），更难以根据消费者的需求偏好变化调整现有产品或服务（Simonson 等，2005），从而大大增加了现有产品或服务被淘汰的风险（李忆、司有和，2008）。这也就是为什么纯粹的利用式创新并不适用于高度动态的市场竞争，更不是新创企业塑造其核心竞争力的首要选择（邢新朋、梁大鹏，2016）。此外，如果企业获取一般性资源的能力较强，有助于促进组织层面的利用式创新，但未获得的资源无论是稀缺性的还是一般性的都会削弱利用式创新的力量（Voss 等，2008）。

## 六、利用式创新与成功陷阱

通过上述文献回顾可以发现，利用式创新不仅有助于降低企业经营成本、提高产品生产效率、保持现有市场，而且还能够帮助企业在现有的经营范围内寻找问题的解决方案，进而更加精确地预测未来的市场方向（Lichtenthaler，2009）。但需要注意的是，利用式创新也存在一定的发展隐患。Levinthal 和 March（1993）将利用式创新中的发展隐患归纳为"成功陷阱"（Success Trap），主要包括熟悉能力陷阱、成熟能力陷阱和相似能力陷阱（Ahuja、Lampert，2001）。具体而言，熟悉能力陷阱意味着组织过分关注对现有知识的挖掘和拓展。在利用式创新中，若企业仅仅想要通过固守或者改良现有的经验、技术的方式是很难获得成功的，其根本原因是基于利用式创新所获取的能力的价值会随着时间流逝而逐渐降低，最终可能会导致组织的竞争优势逐步被消解（Lichtenthaler，2009）。成熟能力陷阱也会限制组织对新知识的探索，若企业过分侧重能力的利用可能会影响其长期的生存能力，并且可能扼杀其进行探索和激进创新的能力，简言之，能力的利用可能会挤出能力的探索，最终陷入能力刚性（Geoffrey，2006）。相似性陷阱是由组织对与其现有专长相近的知识的探索导致的，公司不会进行完全的创新。总之，利用式创新带来的路径依赖可能会导致组织难以接受新知识和新技术（王林等，2014）。

正如前人研究所指出的，一个过度强调利用式学习的组织很容易患上"学习近视症"（The Myopia of Learning）（Levinthal、March，1993），陷入生产力困境（Productivity Dilemma）（Benner、Tushman，2003），

从而产生能力刚性并陷入创新悖论（Capability-Rigidity）（Geoffrey，2006）。另外，如果企业仅进行利用式创新，其结果很可能是该企业虽然可以迅速生产出占领市场的产品，也能够确保短期内系统的有效性并获得稳定的现金流，但可能导致企业在开发新技术、新产品方面失去竞争力[①]，直至被市场驱逐（Jansen 等，2006）。

# 第二节　探索式创新

## 一、探索式创新的概念及内涵

探索式创新是一种寻求全新的可能性的行为（March，1991），内涵核心是以全新的创新策略来应对未来发展需要的，致力于知识资源、技术手段、管理制度及管理流程等方面的彻底变革或全新开发，是一种涉及全新的知识元素融合的创新方式，其特征是在组织原有的知识结构中加入全新的知识元素并扩张和改变组织学习的边界（王朝晖，2011），从而使组织知识储量和知识结构更加完善，更有利于组织未来发展（林秋月等，2010）。也就是说，探索式创新的知识搜寻超出现有的组织职能范围以及组织的各种约束（王朝晖，2011）。

探索式创新是以发现、实验和冒险为特征的企业行为（March，1991），常常与路径突破、宽松的组织文化、自主性等名词联系在一起（Lewin 等，1999）。值得注意的是，探索式创新与利用式创新的主要区别在于，前者主要是向新兴的顾客或市场提供新的产品或服务（Jansen 等，2006），而后者是聚焦于现有顾客或市场的价值挖掘。由于探索式创新改变或更新组织原有的知识结构，从而使组织的技术知识、组织结构、管理制度等都发生了变化。因此，主张探索式创新的组织强调使用全新的知识元素（Hill、Rothaermel，2003），同时也鼓励新知识元素与

---

① 王朝晖，刘嫦娥. 智力资本要素内部契合对探索式创新和利用式创新的影响［J］. 科技进步与对策，2017（3）：1-8.

原有的知识结构融合与重组。由此可见，一个组织搜索知识的广度代表其实施探索式创新的程度（Katila、Ahuja，2002）。

从知识框架的角度来看，探索式创新是组织探索式学习的结果，利用式创新是利用式学习的结果。这一结论意味着，探索式创新的活动目的在于为未来的生存、发展提供条件支持，由此产生一些与现有知识或能力不同的新的知识和能力（冯彩玲、张丽华，2014）。而利用式创新瞄准的是当下的市场需求，组织更喜欢深入挖掘原有的知识结构的深度并沿着这一发展思路进行相应的经营活动。这就不难理解为什么大多数组织都明白这一道理，即现有能力探索带来的收益远不如全新探索带来的收益多（Brady、Davies，2004），但是很多组织依然选择以利用式创新活动为主。究其原因主要是探索式创新带来的回报往往需要一个较长的回报周期，而且其回报往往具有很大的不确定性（March，1991）。从个体层面来看，探索式创新是指员工为了组织和自身发展，通过不断地探索以发现新的技术、方法或知识，其目的是寻求新的可能性，实施探索式创新的员工需要承担很高的风险以及失败的可能性。

此外，与探索式创新相关但又有所区别的名词有探索式联盟、突破式创新、探索式学习和低成本探索式创新。其一，探索式联盟是从商业网络视角出发，是指组织为了探究新的技术机会（Hagedoorn、Duysters，2002）通过与外部组织建立联盟关系来获得全新的技术或资源（Yang、Demirkan，2007）。其二，突破式创新、探索式创新之间的区别。从适用层面来说，突破式创新是产业层面的概念，而探索式创新是组织层面的概念；从创新时序来说，突破式创新强调的是在事后对技术实现的创新感知，而探索式创新体现的则是在事前对组织内部的学习行为倾向（He、Wong，2004）。其三，组织学习的两种方式是探索式学习与利用式学习，利用式学习是指组织基于现有知识结构进行的深度学习，探索式学习则是指与现有的知识结构完全不同的、对全新的知识元素的学习。其四，低成本探索式创新特指组织凭借新的技术、知识来摆脱现有的技术与知识对组织经营活动的影响，并且用低成本的设计、技术等组织活动来满足新市场和新客户的市场需求，并通过全新的尝试进一步降低成本（朱雪春、陈万明，2014）。

## 二、探索式创新与组织学习

与普通的组织学习活动相比，探索式学习强调脱离已有的知识结构展开对新知识的开发（Kostopoulos、Bozionelos，2011），旨在帮助组织在全新知识领域进行知识建构（蒋春燕，赵曙明，2006）。从创新的影响角度来看，相较于利用式创新，探索式学习对探索式创新的影响更加显著（Geoffrey，2006）。组织通过探索式学习获取或创造知识并利用新知识创造出新的组织能力（March，1991）。

从组织层面来看，探索式学习和利用式学习的功能和结果都会受到组织内在特性的影响（Kostopoulos、Bozionelos，2011）。例如，由于探索式学习获得回报的周期更长，成果也更不稳定，所以迫切得到回报的组织往往会减少对探索式学习的资源分配，转而通过增加对利用式学习的投入在短期内实现回报（Levinthal、March，1993）。从个体层面来看，心理安全随着探索式学习的增加而递增，其原因主要包括两方面：一方面，由于在创新组织中更大的心理安全会促使成员产生更强烈的合作氛围，同时还可以鼓励团队成员针对不同观点进行谈论和反思，从而组织成员参加探索式学习的动力得以增强；另一方面，心理安全通过成员对组织监控的感知进而对成员参加探索式学习的热情产生影响。

## 三、探索式创新与创业企业

毫无疑问，通过探索式创新实现的技术创新和管理创新一旦取得成功就可能为企业注入强有力的竞争能力，从而提高组织的创新绩效（Vanhaverbeke 等，2003），甚至还能显著促进企业的经营产出。但是，实现上述结果的前提是组织拥有强大的资源与能力来支持探索活动，这种试验的结果有无限种可能性，可能一无所获也可能会帮助企业抓住新机遇、开辟新市场等，从而更好地迎接未来的市场环境变革所带来的挑战（Rothaermel、Alexandre，2009）。此外，初创企业的组织规模较小、更灵活，企业文化和管理流程也相对松散，所以更加适合探索式创新

（Benner、Tushman，2003）。

在动态的市场环境中，推动探索式创新对于企业特别是创业企业变得十分必要（Jansen 等，2006）。对于创业企业而言，探索式创新意味着企业需要去搜寻市场机会并尝试在从未涉足的知识领域构建组织能力（Duysters，2007），从而保证企业能够具有一定的市场竞争能力。组织内部还存在内创业现象，这种内创业活动是企业持续发展的有效保障，对组织结构具有一定的要求，它主要依靠技术的研究和开发，通过对技术、资金和人才的合理配置来实现，直到最终形成"市场需求变化—产品创新—技术创新"的探索式创新思路（王丽平等，2011）。在内创业的过程中，组织除了关心新员工如何适应本职角色外，还需要激发新员工的创新激情使其主动打破角色边界（罗瑾琏等，2016）。

## 四、探索式创新与管理创新

探索式学习显著正向促进组织的管理创新（张振刚、余传鹏，2015）。在侧重探索式创新的组织中，员工往往拥有较强的发散性思维，所以组织管理者更应该根据部门员工的性格特点制定有利于成员创新思维发挥的组织结构、管理制度和工作流程（张振刚、余传鹏，2015）。此外，管理创新的根本目的是提升组织的运营效率，对创新的新颖性要求并不高（林海芬、苏敬勤，2012），但探索式创新下的组织活动却具有尝试、冒险等特点，所以结合组织实际发展情况的探索式创新打破了原有的组织惯例（张振刚、余传鹏，2015），使该组织拥有更广阔的管理创新空间。探索式创新得以实施的条件是组织成员的广泛参与及其普遍的知识搜寻，进而获得并创造出全新的组织知识。但是探索式创新拥有很强的不确定性和不可预见性，所以成员在摸索的过程中难免会出现偏差或错误，如果组织尽可能选择规避错误的管理方式就会打击员工的创新激情以及人力资本的投资意愿。因此，对于一个想要通过探索式创新获得成功的企业而言，就应该宽容对待成员的创新错误并继续鼓励员工的高创新投入，同时对成员的人力资本投资为企业发展带来的价值进行正确评估（王朝晖等，2017）。这一观点再次支持了以下观点：积极的差错管理气氛可以对组织的探索式创新产生积极正向的影响（李忆等，2013）。

另外，同样有学者关注到了反方向上组织结构对探索式创新产生的影响。大量研究表明，集中化的组织结构不利于组织的探索式创新（Jansen 等，2005），而规模小、权力分散的组织结构更加灵活，能够为探索式创新提供有利的条件，例如，相对独立的创新资源、相对自主的创新权力等（Benner、Tushman，2003）。另外，未被组织获取的资源则能有效促进组织的探索式创新（Voss 等，2008）。

## 五、探索式创新与竞争优势

探索式创新的首要目的在于，使组织有能力满足未来的市场需求，其实现途径是提供不同于现有组织能力的产品和服务（Johnson 等，2005），从而增强组织的长期竞争力，确保未来的组织收益（March，1991）。由此可见，探索式创新是企业赢得未来市场竞争优势的关键（王丽平等，2011）。

探索式创新与组织发展战略眼光的契合程度是影响组织竞争优势的因素之一。一些学者发现，具有前瞻性战略眼光的企业将探索式创新作为组织的核心竞争力（Menguc、Auh，2008），注重通过新产品和新服务帮助企业应对激烈的市场竞争（Ahuja、Lampert，2001）。此外，虽然探索式创新与企业战略的匹配程度将显著影响企业绩效（李忆、司有和，2008），但探索式创新为前瞻者带来的边际贡献很微小（Auh、Menguc，2005），除非探索式创新能够帮助企业实现领先的行业地位，否则就是徒劳的（Levinthal、March，1993）。此外，探索式创新与组织外部环境的契合度同样会影响组织的竞争优势。探索式创新可以帮助企业找到新的市场"利基"，为组织未来的生存和发展提供保障（Lumpkin、Dess，2001）。在当前高度不确定的市场环境下，组织需要通过探索式创新占领新的市场空间，从而建立自身的竞争优势（Ahuja、Lampert，2001）。但是这一美好愿景得以实现的前提是，组织的产品或服务拥有一大批强有力的消费者且他们愿意继续使用该产品或服务，或是组织的新技术诞生于市场对此种技术的需求增加之前，这样组织就能拥有相对稳定的客户群，有相对充足的时间去生产产品或创造服务，也只有这样的探索式创新应用对于组织才是有效率的（Lee 等，2003）。

## 六、探索式创新与失败陷阱

探索式创新往往伴随着较长的回报周期、较大的投资风险以及难以预测的创新绩效，所以这种创新方式对企业的资金支持提出了较高要求。一旦组织过度追求探索式创新就很有可能面临资金供应不足等问题①，甚至还可能面临创新活动被迫终止的局面。通常来讲，早期的探索式创新的成功可以成为进一步推动组织今后进行探索式创新的动力，但是过于追求探索式创新只能为组织带来更多超出组织能力的变异，导致组织无法吸收和利用这种创新。

值得注意的是，若企业一味追求探索式创新，那么落入"失败陷阱"（Failure Trap）的可能性也就越大，也就是说，在探索式创新持续失败后，该企业可能会进入一种疯狂的试验状态（Levinthal、March，1993）。其根本原因在于探索式创新的过度投资会产生太多的创新元素，组织无法吸收和利用，但会使竞争对手的创新活动抢占上风，致使组织产生创新困境效应②。更为严重的是，在探索式创新失败后，许多组织将会选择继续以探索为基础的创新活动，而且下一轮的创新活动通常也都以失败而再次告终，又或者是被竞争者的新技术或新产品所替代，从而导致组织进入无休止失败和无回报变革的往复中（朱朝晖、陈劲，2007）。

---

① 王朝晖，刘嫦娥. 智力资本要素内部契合对探索式创新和利用式创新的影响 [J]. 科技进步与对策，2017（3）：1-8.
② Hamel G., Prahalad C. K. Competing for the Future [M]. Boston, MA：HBS Press, 1994.

# 第三节　双元创新

从前两节可以看出，双元创新是企业应对市场环境变化、实现产品或服务变革的重要途径，更是企业提高技术创新能力、实现组织生存和发展的关键手段（Katila、Ahuja，2002）。可如果仅实施一种创新可能会导致组织发展失衡（He、Wong，2004）。虽然这两种创新方式遵循的基本行为逻辑有所不同，但二者之间还存在着相互依赖和互补的反馈机制，故而形成既对立又互补的关系（Lavie 等，2010）。具体而言，一旦组织通过探索式创新发现具有潜在价值的知识和技能，组织便会逐步转向利用式创新去进一步挖掘探索式创新的剩余价值（Rothaermel、Deeds，2004）。

## 一、利用式创新与探索式创新的对比分析

"双元"意指组织内部能够同时执行两种完全不同甚至相互冲突的组织活动（March，1991），而"双元创新"（Ambidextrous Innovation）是指组织在面对复杂的外部环境时能够同时拥有并有效运用互相冲突的创新活动的能力（March，1991；Jansen 等，2005）。马尔希（1991）用组织学习的双元性开启了"双元创新"的研究大门。他认为，"双元创新"可以被划分为利用式创新和探索式创新。利用式创新的学习是在组织现有知识的基础上进行的，旨在充分挖掘现有组织知识的潜在价值；而探索式创新倾向于脱离组织现有的知识进行学习，旨在将组织从未涉及的、全新的知识领域的知识引入组织知识结构中（蒋春燕、赵曙明，2006）。因此，利用式创新和探索式创新的分类依据主要是：一是组织创新活动是否接近当前的技术逻辑轨迹；二是组织创新活动是否靠近现有客户或现有市场细分。此外，利用式创新和探索式创新还在多个维度的表现上存在差异（见表 3.1），例如，利用式创新的市场潜力相对可

见，评估也相对简单；而探索式创新的市场潜力具有很强的不可预测性，故对其评估也较为困难。

表 3.1　利用式创新与探索式创新的对比

| 区别 | 利用式创新 | 探索式创新 |
|---|---|---|
| 市场潜力评估 | 相对简单 | 困难 |
| 技术可行性评估 | 相对容易 | 困难 |
| 来自当前客户的推动力 | 较强 | 较弱 |
| 回报 | 相对确定 | 不确定 |
| 所需要搜寻的市场/技术的范围 | 相对狭窄 | 相对宽泛 |
| 所获得的竞争力 | 没有 | 来自技术与消费者 |
| 项目持续时间 | 较短 | 较长 |

资料来源：根据 Danneels（2010）① 的研究整理而成。

## 二、利用式创新与探索式创新之间的平衡之道

伴随着研究的不断深入，双元创新的平衡管理机制引起学术界的广泛重视。王丽平等（2011）提出，双元能力的平衡管理机制的建立，一方面可以促进企业在成长战略、市场需求、生产工艺和销售体系等方面取得持续性的核心竞争力；另一方面也可以促进企业的创业与创新活动的开展（2011）。Gupta 等（2006）总结出关于利用式创新和探索式创新的主要研究问题（2006）（见表 3.2）并对其展开研究，而这些问题同样也是研究双元创新的学者所关注的研究焦点。

表 3.2　双元创新研究中的主要问题

| 研究点 | 主要的研究问题 |
|---|---|
| 概念 | 利用行为是仅使用既有知识还是包含学习与创新 |

---

① 　Danneels E. The Dynamics of Product Innovation and Firm Competences [J]. Strategic Management Journal, 2010 , 23（12）：1095-1121.

续表

| 研究点 | 主要的研究问题 |
|---|---|
| 连续与正交关系 | 利用与探索行为是处于连续线的两端还是分别位于两个正交的垂直方向上 |
| 间断式平衡与并行式平衡 | 探索和利用行为之间是循环切换还是同时进行 |
| 专业化与双元化 | 长期而言，企业是实现探索和利用行为的专业化分工还是进行双元化行为更有利于生存 |

资料来源：根据 Gupta 等（2006）研究整理而成。

组织同时实现两种相互冲突的活动的整合能力和运用能力即组织的双元性（Gibson、Birkinshaw，2004）。从某种程度上来说，组织对探索式活动和利用式活动的运用能力体现的是组织在当前市场上保持竞争优势的能力（Menguc、Auh，2008），所以为了能够使"双元创新"发挥出尽可能大的力量、最大限度地支持组织发展，组织需要实现利用式创新与探索式创新的"平衡"（陈剖建、旷开萃，2003），如协调部门间的工作、平衡分配资源等。需要指出的是，这种"双元创新"的内部"平衡"并不意味着平均分配组织资源到各创新活动中，也不意味着组织将全部资源用于"双元创新"。这种"平衡"强调的是创新活动的成果均衡、回报均衡，以保证利用式创新的成果能够满足当下的组织生存需要，探索式创新的成果可以帮助企业应对未来的组织发展需要。至于组织应该侧重哪种创新方式以及需要为每种创新方式分配多少组织资源，这些都取决于组织的预期创新产出。

1. 实现平衡的组织动因

一个组织想获取动态能力，既需要利用现有技术和资源去进行利用式创新，也需要通过探索式创新获得效率并进行优化改进（March，1991）。另外，利用式创新可以帮助企业有效整合现有的知识、拓展现有的知识和技能，并且为现有的顾客群体提供更为优质的服务，而同时探索式创新可以帮助企业设计全新的产品、开发拓展全新的分销渠道、开辟尚无相关营销经验的细分市场、为新的消费者群体提供服务（Benner、Tushman，2003）。因此，寻求利用性创新与探索性创新的平衡是极其重要的。

从外部环境来看，外界存在的不确定性和竞争性可能会导致组织同时实施两种创新活动；从企业内部情况来看，组织内部的结构以及领导之间的关系等同样会成为组织实施两种创新战略的动机（Raisch、Birkinshaw，2008；Lavie 等，2010）。另外，如果只采用利用式创新的适应系统可能会更容易引发企业的技术惰性，进而阻碍组织对新思想和新技术的学习，使组织更容易陷入"次而优的稳定的平衡状态之中"（March，1996）。而探索式学习本身又具有高失败的特征，仅从事探索式创新可能会使组织缺乏相应的成功经验，如果组织在此时还过分强调探索式学习，就很可能会陷入持续失败的循环之中（朱朝晖、陈劲，2008）。

2. 实现双元创新平衡的主要途径

取得利用式与探索式创新之间的平衡有以下几种方式：外部资源获取、双元组织建设、空间分离（不同部门）、时间分离、业务分离（不同业务领域）（Lavie 等，2010）、人力资源管理，本书主要介绍四种实现途径。

（1）外部资源获取。稀缺资源对利用式创新与探索式创新之间的平衡有一定的制约作用，但是伴随着企业间的资源交换机制日渐成熟，使得企业间的资源交换成为稀松平常的事情。另外，两种创新活动所需要的组织资源可能是相互重叠的，也可能是毫无关系的，甚至还可能同时出现这两种状况，这就对企业的资源获取能力提出更高的要求。更重要的是，企业不仅要拥有获取资源的组织能力，更要具备从外部环境中获得有价值的组织资源的能力（Gupta 等，2006）。

（2）双元组织建设。Duncan（1976）最早提出组织应该同时具备探索的能力和利用的能力，进而有效地解决两种创新方式之间存在的矛盾。双元组织主要有两种形态：一是结构双元型组织（Structural Ambidexterity Organization），通过不同的组织或业务单元来分解探索活动和利用活动；二是情境双元型组织（Contextual Ambidexterity Organization），假定员工具有双元能力，即创造性和主动性，便能够在整个组织层面同时展现出其所具有的协作能力和适应能力（Gibson、Birkinshaw，2004）。两者的区别如表3.3所示。

表 3.3　结构双元创新与情境双元创新之间的差异

| 双元创新的分类 | 结构双元创新 | 情境双元创新 |
| --- | --- | --- |
| 实现双元创新的思维 | 适应未来环境的小组与配合组织现有框架的小组之间各自独立，以跨部委员会方式整合彼此活动 | 员工自发地将其时间分配于适应未来的环境与配合组织现有框架的工作上 |
| 适应未来的环境与配合组织现有框架的决策机制 | 由组织高层拟定方针 | 由销售人员、办公室人员拟定方针 |
| 领导的角色定位 | 制定框架，决定配合组织现有框架与适应未来环境之间的权衡 | 帮助组织中的个别员工发展 |
| 员工的角色定位 | 界定清晰 | 界定具有弹性 |

　　资料来源：根据王朝晖（2011）的研究整理而成。

　　（3）时间分离。企业除了建立不同的结构和流程来应对两种创新之间的紧张关系，还需要员工可以在两种有所差异的创新活动之间灵活地分配时间（王朝晖、佘国强，2016）。利用式创新和探索式创新活动之间的冲突普遍采用自上而下的实践视角，高层管理者又或者是规则制定者需要设计与双元创新活动相匹配的组织结构、决定这两种创新活动的时间循环并创造有利于双元创新的工作情境，而员工被动地接受组织的安排，但却忽视了员工的主动性和创造性（Raisch、Birkinshaw，2008）。除此之外，这种自上而下的被动均衡还存在一些不足：一是忽视了这两种创新活动需要不同的决策逻辑，以及这些有所区别的决策逻辑对员工人力资本投资意愿也存在影响。而且，其背后还隐藏着一个假设，即员工会自动接受并认同企业的战略及其活动安排；二是会限制员工自主创新的能动性和积极性，在某种程度上遏制由员工提出自下而上的创新活动的可能性，其结果很可能错过具有发展潜力的创新机遇和发展契机，同时员工也难以在这种一味崇尚自上而下的创新活动的组织氛围中获得成就感。因此，员工的创新行为的实现受到以下两点影响：一是员工原有的工作内容。二是员工所处的组织氛围是否不仅存在自上而下的创新视角，同时对员工自下而上的创新行为也给予支持（王朝晖、佘国强，2016）。

（4）人力资源管理。企业应该在重点关注员工履行本职工作的同时，也要关注当发现新思想时，如何均衡两种活动的人力资本投资（王朝晖、佘国强，2016），同时要选择积极有效的人力资源管理模式来支持企业的两种创新活动。主要有以下两种模式：其一，Annique（2007）构建的通过管理、控制员工来实现双元创新平衡的模型（见图3.2），该模型认为，首先应该包括团队激励、工作轮换、团队的工作设计三方面内容。其二，基于企业知识理论、社会资本理论及构形理论所构建的支持企业进行突破式创新和渐进式创新的人力资源管理模型（Kang等，2007）。该模型指出，推动双元创新的两条路径可以归纳为，创新型社会资本和合作型社会资本分别通过推动利用式学习和探索式学习来促进双元创新的实现，如图3.3所示。这一模型阐明了战略人力资源管理在知识经济时代是如何为企业创造价值的，同时也指出一个企业内部存在多个人力资源管理系统推动创新战略（王朝晖，2011）。

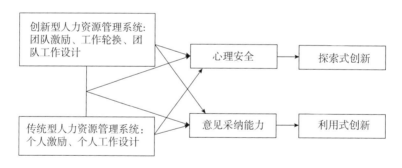

**图 3.2 平衡创新的 HRM 系统模型**

**图 3.3 创新战略与 HRM 形态的综合模型**

3. 双元创新平衡的实现途径及其管理机制

若要实现利用式创新与探索式创新的平衡，组织一方面需要能够提供标准化、集权化及正式的多层次组织结构，另一方面又能拥有分权化的组织结构和相对松散的企业文化（Benner、Tushman，2003）。由此可见，双元创新的平衡管理机制对组织的"双元性"特质尤其是组织结构的"双元性"提出了更高的要求。通过对大量文献进行回顾和梳理，本书总结出通过组织结构实现双元创新平衡的三条路径：其一，通过"双元结构"实现双元创新平衡（O'Reilly、Tushman，2004），即将利用式学习和探索式学习划分到不同的组织单元内，然后组织的管理人员需要将各组织单元所创造的创新成果整合起来以确保其发挥出相应价值。其二，通过"情境双元型"实现双元创新平衡（Gibson、Birkinshaw，2004；Raisch、Birkinshaw，2008），是指创建一个"组织情境—组织刺激"的组织结构来引导组织成员以特定的方式进行创新，而且情境双元型允许利用式和探索式的组织学习方式存在同一组织单元中。其三，通过"间断均衡型"实现双元创新平衡。持该观点的学者认为，探索式创新活动和利用式创新活动往往是间歇性地在组织内部进行，所以企业的创新活动表现为探索式创新与利用式创新活动的交替进行（王朝晖、朱道弘，2013）。

基于以上研究回顾，一些用于实现双元创新平衡管理机制的具体措施得以出现，包括以下几点：

第一，建立组织知识支持机制，借助利用式创新推动探索式创新，借助知识创新促进技术创新（李江、和金生，2008）。

第二，建立知识共享机制，加快探索式创新能力转化为利用式创新能力，使探索式创新所取得的活动成果有效转化为企业的经营业务，进而在创造出价值的同时也能够实现竞争优势的升级。

第三，建立阶段性创新管理机制，即对创新活动进行分层管理，促进创新成功转化为创新绩效。对创新进行分层管理的目的是不让组织一味注重追求创新而忽视了对现有业务的资源支持，一是因为现有业务的经营产出往往更明确且更快速，二是因为现有业务的市场价值也是组织之前的双元创新活动所创造出的成果价值。

此外，托普曼和晨星公司提出能够同时兼顾现有经营业务和内创业活动的圆形组织结构（Tropman、Morningstar，1989）。此后，王丽平等（2011）以这种圆形组织结构为基本架构创建持续创业型组织结构，如图3.4所示。这种圆形组织结构模型用轨道替代组织结构中的层次，其中，管理层被划分为三层（核心管理层、管理层和技术层），并为创新轨道引入了创业活动，同时还在组织结构外围分别加入了营销轨道和合作企业轨道以增强企业与外部的沟通。除了使企业拥有常规结构外，该组织结构还为孵化器或实验项目建立提供了空间，实现了利用式活动与探索式活动的相对独立与相对统一。

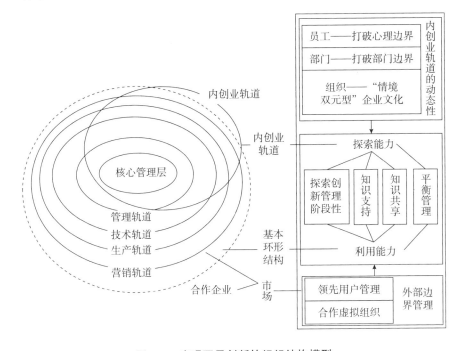

**图3.4　实现双元创新的组织结构模型**

资料来源：摘自王丽平等（2011）的研究。

## 三、利用式创新与探索式创新之间的竞争效应研究

尽管近些年涌现出很多围绕双元创新的学术研究，但是对于企业到

底应该偏重利用式创新还是探索式创新，又或者是关于双元创新的权衡取舍仍然存在争议（Ebben、Johnson，2005）。有研究认为，企业应该追求两种创新方式之间的均衡（王业静、曾德明，2012），但有的研究却认为，探索式创新与利用式创新之间存在着一种与生俱来的对立关系，主要表现为：其一，组织内部的资源是有限的，如果将一项组织资源的大部分用于探索式创新就意味着利用式创新的该项可支配资源较少；反之亦然（March，1991）。其二，无论是利用式创新还是探索式创新都具有自我增强和路径依赖的特性，这就导致组织的学习能力可能会因为既定的学习轨迹而陷入能力陷阱（Levitt、March，1988），致使组织的创新效率变得越来越低。具体而言，组织既可能会因早期的利用式创新所取得的成功而信心大增，也可能会对早期的探索式创新带来的失败有所忌惮而不敢探索新事物。这两种情况都可能促使组织保持原有的学习方式，即探索式创新将引发更多的探索行为，而利用式创新将促进更多的挖掘行为（Russo、Vurro，2010）。其三，虽然利用式创新和探索式创新都是帮助组织生存和发展的重要途径，但是两种创新活动是基于不同的管理理念和组织惯例进行的，这也是它们之间的矛盾难以调和的根本原因所在。

正是上述三大原因致使利用式创新和探索式创新之间存在竞争效应，即双元创新的对立平衡观。当然，双元创新的对立平衡观存在的前提是，组织的创新对象局限于一个单独的领域且其所拥有的组织资源是有限的。因为，只有在这种情况下，两种创新活动的可支配资源才能出现"此消彼长"的情况。因此，在上述观点影响下，"间断平衡"被认为是解决"双元创新"对立平衡观的有效方法之一（Gupta 等，2006）。

## 四、利用式创新与探索式创新之间的互补效应研究

虽然利用式和探索式的创新活动存在资源争夺等竞争现象，但是两者之间却存在着互补效应，这就代表两种创新活动存在互补匹配观。有研究认为，利用式创新和探索式创新之间具有正交效应（Katila、Ahuja，2002），而这一观点成立的前提条件是组织的创新活动可以在组织内部多

个不同的子单元中同时进行，也就是说，一个领域的高探索性行为可以与另一领域的高利用性行为共存。此时，组织的匹配平衡观所要解决的问题便是如何平衡组织内部的利用式和探索式的学习行为，其解决办法就是组织"双元性"（Gupta，2006）。陈国权和王晓辉（2012）表示，由于利用式和探索式的创新活动本身存在调整时滞①，导致两种创新活动难以同时达到绝对的平衡，而且两者之间常常存在能力缺口（2012）。也正因为如此，只有当利用式创新与探索式创新活动达到相对平衡时才会表现出正向相互作用（张振刚等，2014）。

"双元创新"内部的平衡程度被命名为"平衡式创新"。一方面，基于这种创新模式下的组织创新活动强调的是创新结果的平衡，企业希望通过双元创新帮助组织解决当前的生存挑战和未来的发展需要。另一方面，利用式创新和探索式创新之间还具有某种固有的权衡折中效应，两者之间看似存在的种种难以调和的矛盾反而增强了彼此间的联系（Rothaermel、Deeds，2004）。此外，利用式创新与探索式创新的互补匹配通常采用利用—探索式的乘积项来测量（张振刚等，2014）。对于利用式—探索式学习"平衡度"的测量主要存在两个观点：一是机械平衡观即差式测量法（王凤彬等，2012），以｜利用式创新—探索式创新｜来测量组织双元创新的不平衡度（于海波等，2008），其缺陷是这种机械平衡观忽略了企业能力存在的差异；二是有机平衡观（王凤彬等，2012），即在考虑企业能力水平差异的前提下来衡量平衡度，具体公式如下：

$$1 - |x - y|/(x + y)$$

注：当 $x = y$ 时，平衡度 $= 1$，利用式创新与探索式创新达到绝对平衡；当 $x \neq y$ 时，$0 <$ 平衡度 $< 1$，并且在相同的差值下，能力水平较高的企业平衡度较高，能力水平较低的企业平衡度较低。

---

① 个体的知识积累具有很强的惯性，一方面，个体会自觉延续对所掌握知识的使用；另一方面，新知识对个体的刺激不足以打破其原有的知识体系时，个体的知识状态依然会保持在原有状态。

# 第四章 双元创新及其影响因素的研究综述

　　创新能力特别是双元创新能力成为实现产业转型升级的重要力量，同时也是帮助企业赢得竞争优势，实现可持续发展的关键手段。面对高度不确定的市场环境，组织常常会陷入发展困境：到底是在现有能力和资源的基础上进行利用式创新还是在组织从未涉足的领域实施探索式创新？这一困境不仅是实业界的管理难题之一，更是管理学界多年来的研究热点。

　　近年来，各国学者对于双元创新的探索重点包括三个方面：一是完善"双元创新"的概念内涵与外延（李桦等，2011；Popadiuk，2012）；二是立足于不同研究视角探讨双元创新与创新绩效（Popadić 等，2015）、组织绩效（刘善仕等，2007）、服务敏捷性（郑晓明等，2012）等体现组织经营效果之间的关系；三是深入挖掘影响企业双元创新的前因变量并据此提出提升双元创新能力的策略。从研究重心来看，学术界在很长一段时间里都将双元性的研究焦点锁定在双元性对组织经营产出的影响上，而忽视了哪些因素会影响双元性以及如何实现这种双元性。但是，伴随着双元理论的不断完善，学者们逐渐关注到了双元性的前因变量探索及其应用研究，而且还取得了十分丰硕的研究成果。然而，现有研究也呈现出一个极为明显的不足，即关于双元创新前因变量的研究成果较为分散，缺乏一个针对双元创新及其影响因素的总结性研究。因此，本书对国内外大量围绕双元创新和双元性的现有成果进行回顾和整理，进而总结出组织双元创新的影响变量，并据此构建出双元创新的研究框架。

# 第一节　双元组织与双元创新

## 一、双元创新的概念研究

双元创新来自双元学习，双元学习的概念是由 March（1991）正式提出的。他认为，双元学习是指一个可以通过利用式学习和探索式学习两种方式进行的组织学习，前者旨在对现有资源和能力进行挖掘和改进，而后者旨在寻找新的可能性和机会。具体而言，利用式学习代表的是组织现有知识的运用能力，旨在进一步挖掘现有知识的潜在价值并将其运用到实践；探索式学习体现的是组织未来发展想要储备的知识能力，意在从全新的知识领域中寻觅组织今后发展可能会运用到的新知识、新机会。

这两种学习方式的不同主要表现在学习的知识基础和绩效影响、组织能力的构建路径以及组织管理等方面，但两者之间最明显的差异是对组织绩效的影响（林枫等，2015）。从学习的知识基础和结果来看，基于组织现有的能力、技术和管理范式而深入拓展的利用式学习强调的是对现有知识的挖掘，所以其回报周期更短、成功可能性更大。因此，组织往往会不自觉地遵循利用式学习方式并形成路径依赖，从而陷入"成功陷阱"。而探索式学习是在企业从未涉足的领域开展组织学习，所以其投资更大、回报周期更具不确定性、成效更具不稳定性，这就导致很多企业自动将探索式学习视为探险家行为，甚至选择刻意规避与探索式学习相关的一切组织活动，而这种在变幻莫测的市场环境中难以实施探索式创新的组织很容易陷入"失败陷阱"。从组织能力的构建路径来看，探索式学习强调的是，通过对外部知识的借鉴和吸收来构建或重塑组织的竞争优势；而利用式学习是挖掘现有知识和能力的深度。这就决定了探索式学习的组织能力构建路径比利用式学习的组织能力构建路径更为激进，但也更有可能帮助组织抓住市场机会。从组织管理方面来看，虽然两种组织学习都被视为重要的组织管理机制，但是由于探索式学习的本质是新方案的试验，而利用式学习则是对已有能力、技术及管理范式的深入拓展，所以这两种学习方式在组织结构、发展战略以及人员管理等方面都存在很大差异（林枫等，2015）。

尽管这两种学习方式是完全不同的组织学习，但是却始终伴随着组织成长的各个阶段，而且还是技术创新、团队建设、战略联盟、能力开发、竞争能力构建等环节甚至是之后可持续发展的必要条件之一（朱朝晖、陈劲，2007）。这就不难理解为什么这两种学习模式是组织生存、发展的重要力量（林枫等，2015）。伴随着研究的不断深入，双元学习已经成为组织学习、组织设计及战略管理等环节的主要研究对象，并演变为双元研究领域的基础理论（林枫等，2015）。双元创新是以双元学习为理论基础衍生出的另一个双元活动，它是指组织可以同时进行利用式创新和探索式创新两种创新活动（Tushman、O'Reilly，1996；Gibson、Birkinshaw，2004；赵洁等，2012；Yang 等，2015）。因此，为了应对当前的以及未来的市场竞争，组织常常会在双元学习、双元创新等双元决策中左右为难。

## 二、双元组织的双元性

组织的双元性是指一个组织同时拥有管理当前的业务需求与应对之后的环境变化的双重能力，这种能力能够促使两种完全不同的组织活动平衡而有效地进行（Raisch、Birkinshaw，2008）。因此，双元组织（Ambidextrous Organization）是既可以在市场中通过利用式学习不断改进已有产品或服务，同时也可以在探索式学习中进行研发的组织。其实，任何一个谋求可持续发展的组织都应该同时利用双元学习来获得知识，只有这样才能实现组织知识建构的升级以确保短期的经营产出，也才能汲取新知识、新技能以满足未来的、长期的发展需要（朱朝晖、陈劲，2008）。而且已有大量研究证实，同时推行两种学习方式的组织无论是在绩效表现上还是在竞争优势上都比忽视一种学习模式而只专注另一种学习模式的组织做得更好（焦豪，2011；Yang 等，2015；Lin、

Chang，2015）。

由此可见，组织双元性的研究核心是组织在不同的发展阶段持续成功的实现路径，这一议题是管理科学领域在过去十年涌现出的新的研究焦点（Martinperez，2015），引起了学术界的广泛关注（Raisch、Birkinshaw，2008；Chebbi 等，2015）。但是，在现实的组织情境中，这种在各个方面都表现卓越的双元组织并不常见，究其原因是双元学习对组织结构、战略导向、市场导向等多方面的经营管理要求完全不同（朱朝晖、陈劲，2008）。这种双重的经营策略引发了一种不可忽视的、难以消弭的"紧张关系"，从而加剧组织经营管理的难度。与此同时，双元学习对组织动态能力的要求也很高，如果组织在没有达到一定能力的条件下就开始进行双元学习或其他双元活动，其结果可能会比只进行一种学习方式更糟糕（朱朝晖、陈劲，2008）。因此，双元组织往往是由高度差异化的子单元所组成，聚焦探索式活动的子单元小而分散，而集中于利用式活动的子单元大而集中。

早期关于双元理论的研究主要聚焦于双元组织的双元性利弊分析，即组织的双元性对组织成长的影响。因而很少有学者去考察驱动组织实现双元性的前因变量是什么，如组织结构、经营战略、领导风格、吸收能力等都会对组织的双元活动及其双元能力产生什么样的影响？这一研究状况直到 Raisch 和 Birkinshaw（2008）的研究模型出现后才有所改善，之后李桦等（2011）和李忆等（2015）相继在研究中借鉴了这一研究模型。通过对大量既有研究进行回顾和梳理，本书发现，直至目前，Raisch 和 Birkinshaw（2008）提出的这一研究模型仍然最具代表性和解释力。该模型指出了组织双元性包括的内容，同时还涵盖了组织双元性研究的前因变量、环境变量、其他变量以及体现组织经营产出效果的一系列结果变量，如图 4.1 所示。

## 三、双元组织的影响因素

对上述成果进行回顾和整理后发现，组织双元性的影响因素探讨一直都是双元理论的研究热点，而且这些影响因素可以归纳到结构、领导

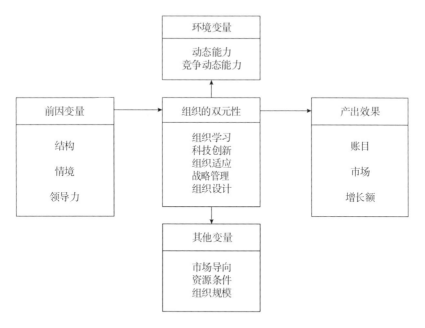

**图 4.1　组织双元性的一般研究框架**

和情境三大维度（李桦等，2011；Chebbi 等，2015）。其中，结构维度的影响因素是指组织为满足自身的双元性需要而对其组织结构进行调整，主要包括正式的组织结构也包括非正式的内部联系（李桦等，2011）；情境维度的影响因素是指有助于双元性的组织情境，主要有社会情境、绩效管理和共同愿景等有利于成员恰当安排双元活动的内容（李桦等，2011）；领导维度的影响因素主要是指企业家、领导者等管理高层对双元性的影响，如经理任期、经理持股比例、管理者从业经验等个人层面的影响因素对双元性的影响。国外学术界对于双元理论的研究可以总结为"双元学习—结构双元性—情境双元性—领导双元性"等一系列概念研究，而国内学者的双元研究路径则是以双元学习为先，其次表现为结构双元性和领导双元性共重，最后才是情境双元性。总体来看，国内外学者对于双元理论的探索遵循各自的发展路径，但是二者的共同点在于都逐步从双元创新的概念研究转变为双元创新的应用研究。随着研究的不断深入，一些研究也开始探讨组织外部环境中组织结构、领导特质等各种前因变量对组织双元活动的影响。

1. 结构双元性创新

结构双元性是基于 Tushman 和 O'Reilly（1996）创造的"空间分离"理论而产生的。该理论认为，在多元组织内部创设有差异的结构性机制可以解决利用和探索所带来的内部争夺现象。结构双元性理论认为，一个组织不可能同时实施利用式和探索式两种活动，所以必须在其内部创设多个有差异的子单元来分别解决这两个问题。基于空间分离理论的结构双元性认为，探索式活动无论是在流程、惯例还是在组织文化等方面都与利用式活动存在差异。目前，国内外关于双元理论的探索都主要集中在结构双元性上（Popadić 等，2015），相应的分析层次也以组织层面为主（李桦等，2011）。Agostini 等（2016）构建双元组织的双元创新概念模型，并利用185家澳大利亚企业和意大利企业的调查数据证实这一模型。研究模型表明，以社会支持、管理绩效、结构双元等二阶构造为代表的双元组织对双元创新存在积极影响（Agostini 等，2016）。此外，网络能力是一种同时强调关系和结构两种能力维度的整体构念。而关系能力是指企业发展和维护与关键供应商、顾客和其他组织的关系以及维护和利用这些关系的能力。网络能力是指增强其网络综合地位和应对各种复杂网络关系的能力，包含网络规划能力、网络配置能力、网络运作能力和网络占位能力四个维度（白景坤、丁军霞，2016）。白景坤和丁军霞（2016）基于环境动态性视角，探究网络能力与双元创新的可获得性之间的关系，他们发现，作为一个整体构念，网络能力与双元创新均显著正相关。具体而言，其各维度与探索式创新显著正相关；除网络运作能力外其余维度与利用式创新显著正相关；环境动态性则在网络能力与探索式创新的关系中起正向调节作用，在网络能力与利用式创新的关系中起负向调节作用。

由此可见，网络能力、结构双元等结构性变量是影响组织双元创新能力的关键力量，在企业的创新活动特别是双元创新活动中具有举足轻重的意义。

2. 情境双元性创新

与国内的双元创新研究有所不同，国外学术界针对双元创新的研究不仅局限在创新、组织学习和结构双元性等方面，更关注情境双元性和领导双元性（李桦等，2011）。情境双元性是 Gibson 和 Birkinshaw（2004）在组织情境中提炼出来的，描述的是组织为成员的创新行为提供情境支持的能力，从而鼓励成员充分将时间和精力分配到组织的双元活动中。情境双元性强调个体行为与组织目标的一致性以及个体因环境变化而及时做出调整的能力。因此，情境双元性创新是指组织通过创设一整套流程和制度，促使和鼓励成员在面对利用式与探索式活动之间的冲突时能够合理地分配在两种活动上的时间和精力。

3. 领导双元性创新

领导双元性特指个体层面的双元行为，强调的是个体同时进行探索式行为和利用式行为的能力（Gibson、Birkinshaw，2004），主要包括管理层、企业家、领导者以及基层员工所拥有的双元特质探讨及其对组织层面的双元活动的影响探讨。无论在个体层面还是组织层面利用式创新和探索式创新都存在竞争效应，所以围绕企业家和领导者的双元创新的个体特质探讨特别强调个体的整合能力。此外，面对外部竞争环境的高度不确定性，企业家和组织领导者还需要具备敏锐的感知能力以便正确把握创新方向，从而可以观察到组织双元创新活动内部的冲突所在。

# 第二节　组织学习与双元创新

学习能力是一种有助于组织间成员以及组织与合作伙伴、其他组织的学习的实践融合，能够扩大知识传播范围，形成有助于知识分享的开放型组织文化（Lin等，2013）。在现实的组织情境中，一个组织对利用式和探索式两种组织学习的实施程度是组织学习能力的最佳体现。既有的早期研究普遍认为，利用式学习是促进利用式创新的直接因素，探索式学习是促进探索式创新的直接因素。但是，伴随着研究的不断深入，学者们逐渐意识到创新特别是双元创新是一个极其复杂的过程，不单单是组织学习方式与双元创新之间单纯的匹配关系。已有研究证实，探索式学习与探索式创新之间确实并不是简单的因果关系（许晖、李文，2013)，可能还受到吸收能力、知识转移、智力资本、动态能力以及人力资源管理实践等多种因素的影响，利用式学习与利用式创新的关系亦是如此。

## 一、吸收能力的先导作用

组织学习是影响组织双元创新的重要变量，而吸收能力又是影响组织学习成效的决定性预测指标。其中，吸收能力指的是组织有能力去辨识、获取和接受外部有益的新知识并把其应用到自身的商业目的上，辨识能力和获取能力是衡量组织吸收能力的关键要素，主要包括成员间、组织间以及成员与组织间的知识迁移全过程。其实这两种组织学习方式并无优劣之分，只不过由于关注的重点有所不同，所以导致吸收能力有所差异。具体而言，利用式学习是指对现有组织知识的深入挖掘，也就是加深对原有组织知识的建构程度，因而对组织产生影响的不确定性小，对知识的吸收速度快。而探索式学习所涉及的新知识与原有的知识建构有很大区别，而且很可能是偏离原有知识结构的，甚至常常涉及全新的、隐性的知识，所以组织对新知识的接受速度相对较慢，而且对组织产生影响的不确定性较大，甚至还可能会不利于组织运营（朱朝晖、陈劲，2007)。吴隆增等（2008）通过对 117 家高科技企业采取实证研究与案例访谈的双轴驱动式研究方法来探索组织双元创新的影响路径，研究发现，组织学习在吸收能力与组织创新间有着中介作用。此外，也有研究借助组织中知识守门者的角色探索了区域集群企业的双元创新的运行机制。与普通组织成员有所不同，知识守门者在组织中扮演知识吸收者、传递者的角色，他们往往具有很强的内外部异质性，这种特性可以帮助其选择性地、有的放矢地吸收外部知识，继而调整为有助于本组织发展的组织知识新元素并进行广泛传播，直到最终逐步融合到组织文化层面。由于他们往往位于组织与其他集群企业的网络中心位置，能够导向组织学习和组织文化，因此，为了有效引导双元创新，集群企业应该重视知识守门者知识权利的前置引导作用、知识守门者行为的直接影响、知识网络双重嵌入的缓冲作用以及二元环境的调节作用（张晓芬等，2015）。由此可见，组织学习是推动企业创新的直接作用力，吸收能力是组织创新的先导能力之一。

## 二、知识转移的中介作用

组织的学习能力与知识运用对于双元创新有十分重要的意义（Lin等，2013）。已有研究提出，加强与其他组织的外部合作有助于提升组织的学习能力，也有研究专门针对组织文化与组织学习、组织知识转移展开，但是组织学习和知识转移是否能够对双元创新产生影响？基于这一研究不足，Lin等（2013）展开了深入探索。该研究以中国台湾214家民营企业为样本，探讨组织学习和知识转移对双元创新的影响。最终得出，这两者能够有效促进创新，但需要注意的是，组织内部学习、组织间合作、开放的组织文化等实践活动对双元创新的影响都不及学习能力。也就是说，学习能力是促进组织双元创新的重要因素。根据上述研究可知，内部知识的运用对于建立市场竞争优势起到十分关键的作用。但是，外部知识的运用对组织创新活动又会有什么样的影响呢？由于技术相关性体现的是组织的知识吸收能力，所以有学者着眼于该能力着重探讨了这一问题。研究表明，外部知识在创新活动中的运用受到多种因素的影响，其中技术相关性与外部知识在探索式创新中的运用呈负相关关系（Bierly等，2009）。这一结论就意味着来自远距离的外部知识更多地被运用于组织的探索式创新活动中，并且发现组织对外部知识的学习能力在运用时受到知识转移的调节作用，即当组织知识为显性时，经验在外部知识的创新运用中拥有更强的解释力；而当组织知识为隐性时，能力在外部知识的创新运用中拥有更好的解释力（Bierly等，2009）。因此，从知识运用的角度来看，组织学习仍然是企业双元创新的主要解释变量，而知识转移在组织学习与企业双元创新中具有调节效应。

## 三、其他变量的影响作用

除了吸收能力和知识转移两个变量外，在组织学习与企业双元创新的过程中还存在知识流动方向、动态能力和智力资本等影响因素。随着双元性研究的不断深入，国内学者对组织学习和双元创新之间的研究也变得更加深刻，而且他们还关注到了知识传递方向对组织双元创新的影响。Wei 等（2011）通过对 213 家企业的实证研究后得出，自上而下的组织学习方式积极影响利用式创新，而对探索式创新却存在倒"U"形影响。也就是说，这种自上而下的组织学习显著增强组织的探索式创新能力，但达到一定程度后这种增强作用就会转变为负向的削弱作用，转而对其产生负向作用。此外，研究还发现，组织形式化可以正向调节学习方式与双元创新的关系。这一研究将信息传递（或知识传递方向）与组织理论融入双元创新的研究领域，为组织的双元创新实践提供了更加明确的发展思路。之后，许晖和李文（2013）利用来自生物医药、新能源等多个高科技企业的 218 份调查问卷验证组织学习与双元创新的对应关系以及动态能力的影响作用。研究结果表明，"探索式学习能够促进组织层面的探索式创新，利用式学习主要推动利用式创新"，但是却发现不同的组织学习对双元创新的影响程度存在差异，而且这一关系总体上受到动态能力的影响。具体而言，探索式学习通过重组转型能力对企业双元创新产生影响，而利用式学习与利用式创新则通过低层次的协调整合能力发挥其中介作用。由此可见，动态能力是影响组织学习与企业双元创新的中介变量。

在目前高度不确定的市场竞争中，双元组织取得了巨大的成功并成为组织领域一种新的研究范式（林枫等，2015）。当前组织发展的重要难题之一就是企业是否应该追求双元创新。基于这一观点，有学者提出，其实双元创新之间的平衡问题并不是首要研究点，而不同的组织需要什么样的组织学习方式才是双元创新的难点所在。此外，组织惯性是组织的认知导向和行为导向，具有结果惯性、认知惯性和知识惯性等多种表现形式，是弹性组织行为的适应性结果；而组织嵌入是指企业在多元关系网络中的网络位置和合作关系，决定组织配置整合的资源的分配情况。对于双元创新而言，组织惯性和组织嵌入都是影响双元创新进程的关键要素，而且有研究已经证实，组织惯性对利用式创新有着正向作用，而与探索式创新则有着倒"U"形关系，结构惯性比之认知惯性，对利用式创新的帮助更大，认知惯性对探索式创新的帮助更大。而关系嵌入在组织惯性与双元创新的关系中有着调节作用。根据上述研究结果不难发现，双元创新只有在有相契合的组织惯性时才能展示其效能，而且组织嵌入性在组织惯性和双元创新间有极大的强化作用（党兴华等，2016）。

由此可见，组织学习对企业双元创新能力的影响既有吸收能力的先导作用、知识转移的调节作用，同时还可能存在动态能力的中介效应、智力资本的先导效应以及知识流动方向等多种变量的复杂影响，如图4.2所示。

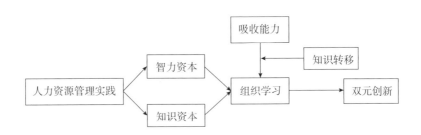

图 4.2　组织学习与双元创新的影响因素及影响路径

资料来源：根据既有研究梳理而成。

# 第三节　利用式创新与探索式创新的关系研究

## 一、双元创新的能力陷阱研究

虽然已有大量研究指出，双元创新能够在很大程度上解释企业绩效存在的差异（Menguc、Auh，2008；Gärtner，2009；Popadić，2015）。值得注意的是，双元创新不仅能够带来利用式创新和探索式创新之间的决策困境，而且还很有可能使组织陷入能力陷阱，即利用式创新容易陷入"成功陷阱"，探索式创新容易陷入"失败陷阱"。

Ahuja 和 Lampert（2011）研究得出，利用式学习可能会使组织陷入熟悉、成熟和相似这三种成功能力陷阱。熟悉陷阱是指组织过度看重对已有知识的研究和完善，从而不利于其对其他领域的探索，也造成其认知范畴局限；成熟陷阱则是指组织对成熟知识的依赖，成熟的知识往往更容易与实践相结合，拥有相对稳定的结果产出，所以其他新兴知识的不确定性也就是组织不愿尝试探索式创新的根本原因；相似陷阱强调的是组织对知识的挖掘锁定在与现有知识相似的范围内，倾向于寻找与现有解决方案相近的解决方案，所以组织也不会产生颠覆性的创新活动。这三大能力陷阱是组织不愿进行探索式创新的根本原因，所以只重视利用式活动的组织更容易沉溺于"成功陷阱"，对市场环境变化的适应能力较差。虽然过分重视利用式活动可能会帮助组织在特定某一方面或某几方面建立起竞争优势和组织能力，但这种竞争优势只是短暂的、可替代的，终究难以抵挡和应对市场环境的变化。与之不同的是，探索式学习鼓励通过对新知识和技能的积极吸收以增强市场应变能力。这也就是为什么国内外学术界和实业界普遍都认同"深入挖掘现有组织能力所得到的短期回报不如在从未涉足的领域培养能力所赢得的长期回报"（朱朝晖、陈劲，2007；Brady、Davies，2004）的观点。这并不意味着探索式创新完全利于组织发展，同样其也有自我增强和路径依赖的特性，更容易陷入"失败陷阱"。一般而言，由于组织为探索式创新投入更多的时间成本、资金支持，并且也在之前从未涉足的领域有了一定的知识积累，所以尽管前期的探索式创新以失败而告终，但为了使得这些投入和知识积累有所回报，组织仍然会继续推进该领域的探索式创新。因此，双元创新可以总结为：探索式创新会引起更多的探索式创新，利用式创新会引起更多的利用式创新。为避免组织陷入上述三大能力陷阱，Ahuja 和 Lampert（2001）提出了相应的解决策略，分别是熟悉陷阱——新奇技术（弥补知识结构不完善的非常规技术）、成熟陷阱——

新兴技术（业界最新开发的技术）、相似陷阱——先进技术（不依赖于现有知识的技术），即分别使用新奇技术、新兴技术和先进技术避免陷入三种能力陷阱。

## 二、利用式创新和探索式创新之间的紧张关系研究

双元理论最早提出源于 20 世纪中期，但却并没有权威的、直指双元概念的科学研究，直到 March（1991）的研究面世后这一研究现状才有所转变。March（1991）不仅在这项研究中界定利用式学习和探索式学习的概念，还指出这两种组织学习方式生来就是矛盾的、冲突的。与此同时，面对高度不确定的环境变化，组织必然要面对由当前生存和未来发展所带来的决策困境。这一决策困境是构建组织创新能力特别是双元创新能力的真实写照。伴随着双元理论的逐步完善以及外部环境的高速变化，两种组织学习方式所特有的紧张关系也扩散到创新领域。因此，关于双元创新的早期成果主要聚焦两种创新之间的替代关联，也被称为两种创新活动之间的"权衡取舍"（Trade-off）（李桦等，2011）。这一研究思想假定利用式与探索式的组织活动之间存在竞争效应。这种竞争效应多来自以下三个方面：

第一，两种学习方式所占有的资源此消彼长，如果利用式学习占用的资源较多则探索式学习可利用的资源较少，势必会侵吞后者可用的组织资源。

第二，两种学习方式都有自我增强和路径依赖的特性。这也就解释了为什么双元活动之间的平衡呈现出一种多次被打破却屡次再寻找的状况，这种平衡的状态可以总结为"打破—寻找—再打破—再寻找"，始终处于寻找双元学习的平衡点的过程。

第三，两种学习方式的思考模式不同。与利用式学习的惯用模式不同，探索式学习关注的是组织对新知识和新技能的掌握程度，是组织在新知识领域的知识摸索、尝试，伴有不确定性较大、回报周期较长、资源投入较大等特性，同时也在组织结构和管理方式上有不同的制定条件。

在研究初期阶段，有学者持有这样的观点：一个组织不可能同时进行两种组织学习。他们认为，如果组织过于重视探索之前的知识构建和经验积累，则很有可能得不到预期的学习回报和经营成效，如此便会引发对利用式学习的不满，转而采取探索式学习；反之，如果组织过于推崇全新的知识汲取和经营尝试，其学习结果和经验产出也可能低于预期水平，如此就会致使探索式学习旁落，继而转向更为稳妥的利用式学习。因此，早期的研究认同探索式和利用式的组织活动是相互对立且不可平衡的观点，组织的双元活动处于相互交换的状态。伴随着研究的不断深入，学者们逐步意识到即使两种学习方式存在竞争效应，但是并不代表同一组织只能实施一种学习方式。因此，有学者基于探索式和利用式的组织活动之间与生俱来的"紧张关系"，提出双元活动的平衡是未来研究的重点所在。此后，关于双元理论的研究开始从以组织学习为中心拓展到了双元平衡，进而逐步实现双元理论从底层理论研究向应用实践研究的转变。

从目前的研究现状来看，利用式活动与探索式活动之间存在的竞争效应及其平衡途径已经被大量研究，但是利用式活动到底会对探索式活动产生多大的影响？Oshri 等（2005）对一家高科技企业的多个产品研发项目展开更多探索，并发现组织对利用式活动的投资确实可以限制一些探索式活动的进行。Randall 等（2014）也通过对技术驱动型的中小软件公司和风险投资公司进行研究后发现，虽然企业已经确立了创新计划方案，但是短期利用式创新仍然将转为长期。出现这一情况的根本原因就在于，组织资源的有效性会引发两种创新活动之间的竞争效应，从而对企业新产品产生影响。

面对竞争越来越激烈的市场环境，低成本劳动力和低市场准入已经不再是组织的竞争优势，越来越多的企业通过开发新产品或新服务来提高自身优势。市场环境给予企业更大的创新压力，而这种创新压力也加剧了组织内利用式创新与探索式创新之间的紧张关系（Randall 等，2014）。这就不难理解为什么关于两种创新之间的竞争效应一直都是近年来管理领域的研究热点。伴随着双元研究的日益完善，学者们基于结构视角提出了缓解这种紧张关系的解决方法：第一，通过外部或联盟方式进行利用式或探索式活动，这种方案的缺点是成本过高。第二，通过时间安排实现短暂的双元创新，即先利用分权实现探索式创新，之后依赖集权进行利用式创新。第三，在公司内部设立半独立的子单元，利用这些子单元来实施双元创新活动（Yang 等，2015）。

## 三、利用式创新与探索式创新之间的平衡关系研究

### 1. 平衡关系的概念研究

由于双元活动与生俱来的"紧张关系"，国外学者更喜欢用权衡取舍（Trade-off）来形容二者间存在的紧张关系或竞争效应，而用平衡（Balance）来表达探索式与利用式之间的均衡发展，并试图找出企业发展各个阶段的双元创新活动的最佳适配点。

目前，国内外诸多研究将探索式学习和利用式学习视为一对需要调和的矛盾体，相应地，其研究关注点也转向基于利用式与探索式的冲突性探索两者的平衡（朱朝晖、陈劲，2008；李桦等，2011）。例如，有学者基于技术视角探讨双元创新的内部结构平衡即利用式学习与探索式学习的平衡对企业双元创新的影响。Kim 等（2012）通过对 103 家公司7 年间的调研数据进行分析后发现，技术能力与创新率呈正相关关系，与创新影响呈负相关关系；而科技强度对创新率有负向作用，却对创新影响有正向作用。这一研究结论有两大贡献：一是充分证明了两种学习方式间平衡关系的存在；二是发现技术能力与创新率、科技强度与创新影响有负向作用。在这项研究中，技术能力指的是公司内部进行技术活动的效率，代表企业对组织知识的利用效率；科技强度则是指公司在发展中对科学知识的依赖程度。由此可见，技术能力、科技强度是组织平衡两种学习方式的具体表现，所以技术能力与创新率、科技强度与创新影响之间的负相关关系也就意味着，双元学习对组织的创新率和创新影响起负向作用。

### 2. 实现平衡的途径研究

利用式创新与探索式创新的平衡是组织创新过程中甚至是组织生存和发展中最为重要的一点（朱朝晖、陈劲，2008；Gärtner，2009），而

且两者之间的平衡是利大于弊的（Popadić 等，2015）。尽管已有文献从多个层面、多个视角研究组织如何在这两种学习中保持平衡，而且经过多年的探索积累，围绕平衡特别是双元平衡的研究也取得了十分丰富的成果。这些研究都表明，学者们已经意识到取得双元平衡对组织生存和发展的重要意义，但在如何实现这种平衡的途径上却没有达成共识（林枫等，2015）。例如，有学者认为，可以通过动态能力缓解两者间的紧张关系，从而逐渐趋于平衡；还有学者提出，可以借助双元学习的平衡思路来达到双元创新的平衡。具体地讲，动态能力是组织为了应对环境的变化而发展其资源基础的能力，它与组织双元活动的平衡状态十分紧密。此外，借鉴双元学习的平衡思想追求利用式创新与探索式创新之间的平衡，基于这一策略的实现途径共有两条。一条途径是组织需要同时进行利用式学习与探索式学习，并在结构性双元与情境性双元之间相互转化。其原因主要是，那些最成功的企业最初往往是通过结构性双元来推动利用式与探索式两种创新活动，而之后的成功却需要结构性双元、情境性双元等多种条件来帮助组织更好地适应环境变化。毫无疑问，双元创新是一个十分复杂的创新过程，达成两种创新之间的平衡并非易事，所以另一条途径则主张组织可以通过多种途径的整合促成双元活动之间的平衡（林枫等，2015）。

那么，企业到底如何通过多种途径整合利用式和探索式这两种截然不同的创新活动呢？双元创新概念模型意味着，其被划分为利用式创新和探索式创新，而且伴随着研究的不断深入这种观点得到了学术界的广泛支持。值得注意的是，这两种创新活动无论是在资源利用还是在管理方式等方面都可能存在冲突，所以利用式创新与探索式创新之间的整合便成为了决定企业创新进程的关键力量。有研究指出，这种双元活动的内部整合即利用式创新与探索式创新之间的整合应该依赖于多层次的整合机制，例如，永久的跨部门工作团队、特设跨部门委员会议、将横向任务分配给高级执行人员（如 PTE 领导，并给予其切实有效的整合权力和整合责任）以及具体的双元个体（如 PTE 领导或团队成员衔接不连贯的人的行为并预测参与创新）。创新企业的组织设计应该以解决两种创新之间的紧张关系为核心（Mahmoudjouini 等，2007），旨在缓解两者间所存在的竞争效应，所以资源重组和双元创新模型对两种创新之间的平衡具有很好的效用。更具挑战性的是，企业如何在这一过程中实现这两种既有区别又相互联系的创新活动之间的整合？这一课题也是目前学者们所要攻克的核心问题。

## 四、利用式创新与探索式创新之间的协同关系研究

虽然两种学习方式间有着相互排斥、此消彼长的冲突，但双元活动内部依然存在某种程度的回归和共同演化的关系（朱朝晖、陈劲，2007），组织可以同时实施两种完全不同的活动。因此，双元组织学习的关注焦点不应该锁定在两种学习方式的时序问题上，更不应纠结于寻找一个与组织发展情况所匹配的平衡点，而是应该关注这种双元学习活动对组织的经营结果产生什么样的影响，以及这两种学习之间是否具有协同效应等现实问题（朱朝晖、陈劲，2008）。奚雷等（2016）基于组织学习方式与双元创新之间的协同性进行探讨后得出，双元学习能够有效促进两种创新间的平衡性和互补性，即双元学习有助于实现双元创新的协同效应。其原因主要是，利用式学习是对现有知识的深入挖掘，这一过程必然会伴有原有知识与互补知识元素的结合，而互补知识元素的寻找其实就是一种探索式学习，进而推动今后的组织学习。由此可见，两种学习方式既是彼此冲突的，同时也是彼此促进的。从技术知识角度来看，组织投资于全新的技术并学习会改变对已有技术知识的学习，并因此可以改进原有产品或者生产过程；而对已有的技术知识的学习和深入研究可以推动其他技术的探索，从而能够不断革新技术，获得长远发展（朱朝晖、陈劲，2008）。如此看来，两种学习方式确实存在一定的协同效应，两种创新间亦是如此。但是需要注意的是，这两种创新活动并不是以同时、等比的进程来实现平衡，这就要求企业必须根据外部环境变化对双元活动及时做出调整，进而实现对新技术领域的探索与现有技术领域的利用之间的动态协同，如图 4.3 所示。

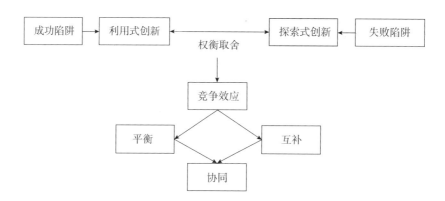

图 4.3 利用式创新与探索式创新的关系演进

# 第四节 双元创新的影响因素

双元创新的特殊之处在于"双元",但其活动本质是创新。基于网络结构,利用式创新的阻力多是源于三个方面:一是致力于现有技术的公司不太可能通过与外部联盟来探索新技术;二是利用式创新的惯性可以通过加强伙伴选择程序来减少对组织结构的探索,进而提高与其他组织的联盟的稳定性和可靠性;三是即使组织没有从合作伙伴程序中选出合适的合作伙伴,组织仍然可以按照既定的识别程度在更大范围内寻找合作伙伴,而探索式创新的阻力主要归因于吸收能力(Lavie、Rosenkopf,2006),其深层次原因在于,高效的吸收能力可以增强组织与外部组织的合作可能性,同时还能够促进与合作伙伴的合作和沟通,所以谋求探索式创新的企业可以尝试通过与不同的组织建立合作伙伴关系来推动创新。

在创新特别是双元创新的前因变量探讨中,大部分研究都遵循"动因—行为—绩效"的理论研究范式(沈弋等,2016)。基于这一传统研究范式,Yu 等(2014)通过对通信信息技术公司进行研究后发现,与政府的关系能够促进组织对双元创新战略的重视，而且战略能力①在这一影响过程中具有部分中介作用。沈弋等（2016）从产权异质性的比较视角出发，利用2008~2013年中国高科技产业上市公司数据探索了组织双元创新的动因。研究发现，政府扶持是增加国有企业研发投入的关键因素，而市场竞争是促使民营企业加大研发投入的主要动力。如上所述，国内外学者关于双元创新及其影响因素的研究不仅遵循传统的研究范式，更呈现出两大特征：一是以高科技的、大型的企业为主要研究对象（Gärtner，2009），二是关注组织与政府的关系对双元创新的影响。通过大量文献梳理，本书总结出了组织双元创新的影响因素，如图4.4所示。

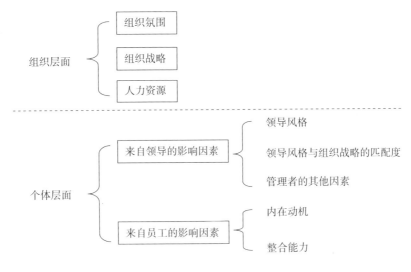

**图4.4　组织双元创新的主要影响因素**


## 一、双元创新在组织层面的影响因素

1. 组织氛围与组织文化

除了知识吸收能力之外，组织氛围在揭示组织双元创新的前因变量

---

① 战略能力是一种通过各种知识和资源转化来增强组织竞争优势的能力（Yu X.，Chen Y.，Bang N. and Zhang W.，2014）。

方面也具有很强的解释力，而且遵循这一研究思路的现有研究也认为，组织氛围通过影响个体的内部创新能动性继而作用于企业双元创新。例如，李忆等（2013）聚焦于差错管理氛围研究了这一关系。他们提出，正向的差错管理气氛允许员工犯错并且所持态度较为宽容，相应的组织文化也较为包容，所以有助于建立轻松的学习氛围、提高成员的学习动力，增加组织的创新空间。而负向的差错管理气氛不允许成员犯错，处于这种严厉的组织文化下的个体更倾向于服从命令，遵守规章制度，所以组织成员的创新能动性和创新积极性也受到限制。从知识转化视角来看，正向的差错管理气氛有助于知识的社会化和外部化，负向的则有助于知识的组合化和内部化①；而知识的社会化和内部化正向作用于组织的探索式创新，外部化和组合化正向作用于组织的利用式创新。此外，有学者专门分析了开放式创新模式对组织资源获取方式的改变。研究发现，开放创新模式下的组织边界是可以相互渗透的，这就意味着企业可以借助自身资源和外部环境中的资源构建一个庞大的知识交易网络，同时也给双元组织学习一定的支持。由于这种双元组织学习存在一定的协同效应，所以根据技术创新的动态要求调整双元学习以确保实现两者之间的长期动态协同才是组织学习的关注焦点（朱朝晖、陈劲，2008）。由此可知，正向的组织氛围能够弱化利用式创新与探索式创新之间的竞争效应，进而促进组织的双元创新。组织文化特别是集体主义是否具有缓解两种创新活动之间的紧张关系的作用呢？Yang 等（2015）利用在60 家中国高科技企业得到的 102 份数据分析后发现，集体主义文化确实能够削弱两种活动间的紧张关系，而且还能够有效促进个体双元创新的动力即出于热爱和基于纪律之间的平衡。

2. 组织战略

在由多个子单元组成的双元组织中，组织双元性需要一种能够保持组织内部与外部一致性的战略需求来实现组织的双元平衡（Chebbi 等，2015）。例如，制度和流程的内部固化与外部适应性和市场灵活性之间

---

① 社会化是指隐性知识在个体间的传达。外部化是指隐性知识的显性化过程。组合化是指将单独的显性知识发展为系统的、更全面的显性知识系统的过程。内部化是指将系统的显性知识转化为隐性知识并为组织成员所用。

保持一致，能够为组织的双元活动提供有利的条件支持。Kortmann 等（2014）基于动态资源基础观提出，战略灵活性通过组织的双元运营能力进而对运营效率产生影响，而且该能力在这一影响过程中具有完全中介作用。也有学者基于这一研究视角探索组织战略与双元活动对企业经营产出的影响，研究发现，基于前瞻者战略的双元活动的组织双元性对绩效的影响小于基于防守者战略的双元活动的组织双元性对绩效的影响，而市场导向会反向调节这种影响（Menguc、Auh，2008）。由此可见，基于组织战略的双元性对组织绩效产生的影响并不对称，而且由市场导向引发的调节效应对于不同组织战略的作用也具有不对称性。白景坤等（2015）从知识管理视角探索了知识刚性①、公司创业导向与双元创新的关系，之后构建出了三者之间的概念模型并进行了实证检验。研究结果显示，公司创业导向的创新性和风险承担均与两种创新显著正相关，而公司创业导向的先动性只对探索式创新存在积极影响，对利用式创新的影响则不显著。此外，知识刚性中的学习刚性在这一关系中有负向调节作用，而经验刚性在这一关系中则有正向调节作用。从上述研究可以看出，学者们更倾向于借助战略灵活性、战略与双元活动的匹配关系等变量研究组织战略与双元创新之间的关系。由此，组织双元理论与各大战略理论的整合研究也成为近年来双元领域一种新的研究范式并取得较为普遍的研究共识，即同时追求利用式和探索式创新战略的组织往往拥有更好的绩效表现（Yu 等，2014），获得成功的概率也更高（Rd、Tushman，2004）。

3. 人力资源

无论是在学术研究还是在现实的组织情境中，人们普遍认同这一观点：增加对人力资本的投资可以提升公司的创新能力。从人力资源的社会属性也可以看出，投资的有效性主要是基于劳资双方的协作以及劳动资源的合理配置，专用性人力资本不仅是组织学习、知识创新的源泉和重要枢纽，更体现劳资双方的投入、分配及人员管理等真实情况，成为

---

① 知识刚性表现为企业在知识管理实践中往往会对现有知识资源和已有经验产生过度依赖，并习惯性地沿用已有知识和经验来应对现在遇到的各种问题（白景坤、杨智、董晓慧，2015）。

企业的投资重点。这里所提到的投资包括劳资双方，目前，我国劳资关系与组织创新的困境在于，如何实现劳资关系优化与组织创新能力提升的有机结合。王明亮（2013）认为，鼓励劳资双方进行人力资本投资是解决这一困境的关键途径。他认为，分割的劳动力市场在阻碍本土企业的人力资源流动的同时，还降低了其技术积累能力和创新积极性。通过列举农民工的例子，说明流动性高的劳动人群阻碍了劳资互惠互赢利益契合点的形成，会导致双方利益失衡而引发冲突。简言之，分割的劳动力市场不利于企业提升创新能力，频繁的劳动力流动又不利于劳资双方利益契合点的形成。因此，劳资双方需要意识到加大对人力资本的投资不仅可以提升组织的创新能力，而且还有助于达成和实现劳资双方的利益均衡点。具体而言，一方面企业应该重视有助于促进组织双元创新的专用型人才的人力资源投资，另一方面企业还不能忽视可能推动组织利用式创新的通用型人才的人力资源投资。

与组织战略在双元创新领域有所相似，人力资源被引入双元创新领域也采用多种理论相整合的研究路径。如 Martinperez 等（2015）根据这一思路提出，高度参与的人力资源系统可以通过员工的双元行为作用于组织的双元学习，之后利用西班牙 182 家的实地调查数据验证这一想法。另外，他们还发现，管理支持在高度参与的人力资源系统对员工双元行为的影响过程中起调节作用。王兰云和苏磊（2015）则以双元创新能力为中介变量，以市场环境的复杂性和动态性为调节变量，探究人力资源管理一致性对组织长期和短期绩效的影响差异性。研究发现，战略人力资源管理①对组织短期绩效的影响大于长期，而两种创新能力在其中有着部分中介作用，市场复杂性在这一过程中存在正向调节效应。虽然上述研究并没有直接采用多种理论相整合的研究方式，但是却借助高度参与的人力资源系统和人力资源管理的一致性这两个最能体现组织的人力资源管理理念与管理实践融合结果的变量进行深入研究。由此可见，人力资源管理是组织双元创新活动得以进行的基础保障。

---

① 战略人力资源管理包括外部一致性、内部一致性以及内外部一致性之间保持一致。其中，外部一致性是指人力资源管理模式与组织战略保持一致；内部一致性则指各项人力资源管理制度与管理实践之间保持一致（王兰云、苏磊，2015）。

## 二、双元创新在个体层面的影响因素

既有文献主要集中于探讨两种创新在组织层面的前因变量（Mom等，2007），却未关注到个体尤其是管理者给双元创新带来的影响。有研究根据 March（1991，1996）所提出的双元理念探索了劳动力市场的利用行为和探索行为并明确指出，个体在利用式活动与探索式活动之间的平衡能力将成为未来企业分配岗位的关键参考之一（Crump 等，2012）。

1. 来自管理者的影响因素

（1）领导风格。毫无疑问，创新活动涉及创意的产生与实施两大内容。但是目前的学术研究却鲜少注意到创新本身是一种极为复杂的过程，而且还忽视了创新过程的复杂性其实还会引发两种创新活动的相互转化。基于这一研究缺陷，Rosing 等（2011）提出一种包含开放式领导行为（Opening Behavior）和封闭式领导行为（Close Behavior）的双元创新领导力理论。开放式领导行为包括鼓励成员的探索行为，如鼓励员工寻找完成任务的替代方法以及独立思考；封闭式领导行为包括有助于挖掘新想法的行为，如建立理性程序以及树立监控目标。这种双元领导不仅重视利用式创新与探索式创新之间的平衡状态，同时还密切关注两种创新活动的相互转化，这种双元领导行为归根结底是为了应对不断变化的创新过程的要求。这一结论为当前各大公司运营者领导行为的塑造提供了理论依据，即管理者需要在通过开放式领导行为促进探索式创新的同时通过封闭式领导行为促进利用式创新，此外，管理者还需要根据自身经验或知识识别出情境需求并做出灵活的创新活动转化。简言之，开放式和封闭式领导行为以及基于情境需求的创新活动转化就是双元领导力的核心内涵。如果说，双元组织决定了组织的双元创新性，那么双元领导就决定了双元组织会在多大程度上影响组织的双元创新性。Zacher 和 Wilden（2014）将领导行为理论（开放、封闭）引入双元创新领域，他们认为，双元领导力是开放式领导行为与封闭式领导行为的结合，当这两种领导行为都处于高水平时，即高水平的双元领导力能够显著促进组织成员的创新绩效。可喜的是，目前已有文献将双元创新的研究点延伸到创新活动的前端，即从创意对双元创新展开探索，而且已有研究发现，变革型领导通过晋升关注点（Promotion Focus）刺激员工的创新创意（Henker，2015）。

（2）领导风格与组织战略的匹配关系。伴随着研究的不断深入，研究发现管理者的领导风格与组织战略的匹配关系会对双元创新产生不同的影响（李忆等，2014）。基于这一研究猜想，有研究专门选取家长式领导风格（仁慈、德行和权威）探究其与三种组织战略（防守者、前瞻者和分析者）的匹配关系对企业双元创新的影响，并分析了159家高科技企业的数据。结果显示，防守者战略下的仁慈领导负向影响探索式创新；前瞻者战略下的德行领导正向影响利用式创新；分析者战略下，威权领导负向影响利用式创新，仁慈领导正向影响利用式创新，德行领导正向影响探索式创新（李忆等，2014）。首先，防守者战略下的公司主要是保持平稳、高效的生产，主张充分利用某一核心技术尽全力生产，所以利用式创新在防守者战略中被充分进行。因此，防守者战略下的领导行为对利用式创新的影响不大。而基于防守者战略的仁慈领导对成员犯错更为宽容，以至于成员可能会漠视管理制度，不利于探索式创新。其次，注重前瞻者战略的公司本身追求探索新的市场机会，研发新的产品或服务，探索式创新在前瞻者战略下已被完全运用，所以前瞻者战略下的领导行为对探索式创新的影响不大。前瞻者战略创建的是较为灵活的组织气氛，而威权领导则让成员感到低迷压抑的组织氛围。因此，基于前瞻者战略的威权领导负向影响组织的利用式创新。最后，分析者战略处于防守者与前瞻者战略间，它既注重在常规的运营中维护市场又关心新市场的开发，所以对两种创新活动仍然有很大需求。此外，Kollmann 和 Stockmann（2010）利用75家处于成长阶段的通信信息技术公司探索企业家导向与战略双元性之间的关系，研究结果显示，企业家导向的风险承担、创新性、主动性、竞争侵略性和自主性显著促进探索式创新，而只有主动性、竞争侵略性有利于触发利用式创新。因此，追求双元性的组织应该全力实现高水平的企业家导向。这一研究结论即企业家导向是实现组织双元性的重要前提也被 Ramachandran 等（2014）

所证实。由此可见，上述研究证实企业战略与领导风格之间的匹配关系确实能对企业双元创新产生影响，但是这些既有文献却存在一个共同的研究缺陷：使用短期的截面数据分析长期的、综合的组织双元创新的活动效果。

（3）管理者的其他影响因素。显然并不是每一个管理者都会自发推动双元活动，那么除了管理者的领导风格及其与组织战略的匹配关系，还有哪些因素会驱动管理者的双元行为？

毫无疑问，管理层是组织知识体系的主导者，他们的知识流动必然会对组织知识结构的构建产生影响。那么，管理者的知识流动方向会对管理者自身双元创新产生什么样的影响呢？有研究显示，管理者自上而下的知识流动方向可以促进管理者的利用式行为，而自下而上的、水平方向的知识流动有助于增加管理者的探索式行为（Mom 等，2007）。此外，赵洁等（2012）提出，高管激励机制（持股比例、任期）可能会对组织双元创新（平衡性、互补性）产生影响，并在这一研究中引入了组合能力作为调节变量。研究发现，经理人持股比例与双元创新的平衡性负相关，与双元创新互补性正相关；经理人任期与这两者均呈正相关关系；而组合能力正向调节上述正相关关系。之后，Mom 等（2015）的研究再次支持了这一结论。此外，奚雷等（2016）在探讨智力资本（人力资本、组织资本、社会资本①）与双元创新协同性的因果关系中加入高管团队行为整合这一变量，研究发现，高管团队行为整合在智力资本与双元创新协同性及其平衡性和互补性间都具有正向调节作用。

综上所述，从个体层面来看，管理者的领导风格及其与组织战略的匹配关系是影响企业双元创新的重要变量，而且还可能有会受到诸如管理者的持股比例、任期时间、知识流动方向、整合能力等多个变量的影响。

2. 来自员工的影响因素

个体双元创新（Individual Ambidextrous Innovation）是指个体同时

---

① 人力资本是指存在于组织员工个体内部的知识资产，它是组织创新最重要的无形资产。组织资本是组织内制度化的知识经过整理后形成的显性知识，可以从管理制度和管理流程等组织正式沟通中获取。而社会资本是指通过组织关系积聚起来的知识（奚雷、彭灿、李德强，2016）。

追求以现有技术为主的利用式创新和以寻求新技术为主的探索式创新并使两种创新活动保持均衡。早期对个体双元创新的研究主要集中在个体特质，而且这些研究都试图通过促进员工的认知和行为实现双元创新在个体层面的兼顾。除了管理者层面的影响因素外，相关研究还关注个体所处的创新情境，如环境动态性、组织结构、组织氛围等对个体双元性创新行为的影响，但是却忽略了个体双元创新的内在动力（林筠、韩鑫，2017）。与此同时，由于高科技企业往往在组织学习和双元创新上表现卓越，所以双元领域的学术研究大多都以高科技企业为研究样本。基于上述两大研究特点，有学者对服务行业员工的双元行为展开了深入研究。那么影响服务行业人员双元性的前因变量是什么？这些前因变量又通过什么样的路径对组织产生影响呢？Kao 和 Chen（2016）对台湾航空公司 205 名乘务员研究后发现，内在动机（Intrinsic Motivation）与员工的双元行为（Individual Ambidexterity）显著正相关，而员工的双元行为又与服务绩效（Service Performance）显著正相关。但在内在动机与个体双元行为的影响过程中，个体的主动性人格（Proactive Personality）和外在奖励（Extrinsic Reward）具有反向调节作用，而情商（Emotional Intelligence）具有正向调节作用。这一研究结果表明，尽管个体的人格特质和外在奖励会对服务员工的双元行为造成影响，但是员工的内在动机是激发其双元行为、提升服务绩效的主要原因之一。

蔡猷花和周功元（2016）根据双元平衡理论提出了创客双元性理论。创客双元性包括开发能力和探索能力，开发能力指创客个体进行利用式活动所需的能力，是在对现有知识的深入探索后从而使产品得到改善；探索能力指创客个体进行探索式活动所需的能力，是根据多个渠道寻找研究新知识所带来的探索式创新。创客双元性是基于个体层面的双元理论构建的，所以也具有双元理论三大特质。具体而言，一是有限的资源导致两种活动之间存在竞争效应；二是两种活动也具有自我增强和路径依赖的特征，容易陷入能力陷阱；三是两种活动需要的思维模式不同，探索式活动强调现有知识与异性知识的结合，所以要求创客具有很强的开放式思维，而利用式活动关注现有知识与同质知识的结合并作用于组织实践方面，故对创客的要求并不高。由此可见，无论是在组织层面还是个体层面，利用式活动与探索式活动之间都存在竞争效应，而且都对个体特别是管理者的整合能力提出了要求。

# 第五节　双元创新的跨层次研究

通过对大量既有研究成果进行回顾和梳理，本书认为，双元性的前因变量多集中在结构、情境和领导三维度上；中介变量多集中在高层人员以及组织的整合机制上；而调节变量则以外部环境刺激为主（李桦等，2011；Chebbi 等，2015）。但是，伴随着研究的不断深入，围绕双元理论的研究重点正在从组织层面、个体层面的单层次研究逐步转向两种层面相整合的跨层次研究。

在高度动态的市场环境中，同时进行利用式和探索式创新活动的企业远比只关注一种创新方式的组织更具竞争优势（Jansen 等，2005），更容易取得成功。其实这一观点不只适用于拥有多个子单元的复合型公司（Multiunit Firm），同样也适用于所有组织。有研究表明，权力下放、加强与外界的社会联系等因素都有助于复合型组织进行双元创新活动（Jansen 等，2005）。这一研究结论为复合型组织的双元创新实践提供管理依据。在现实的组织运营情境中，企业的业务范围可能会涉及好几个领域，所以企业可能会在同一时间进行多个双元活动，并且常常需要在多个利用式活动和探索式活动之间进行协调、整合和运用等复杂的实践过程。尽管已有学者提出结构分化可以解决单个双元活动的困境，但是面对多个双元活动所引发的多重紧张关系，组织应该通过影响哪些关键因素来促进组织的双元性呢？Jansen 等（2009）明确回答了这一问题，他们认为，结构分化并不是直接对组织双元运用产生影响，而是通过正式和非正式的高管团队整合机制（社会融合）以及组织整合机制（跨职能接口）间接对组织双元运用产生作用。之后，Jansen 等（2012）对子单元的双元性及其绩效表现进行了深入研究，最终得出，组织情境的结构性和自愿性促进子单元双元性与绩效间的关联，而且这种关系在权力下放、资源充足且相互独立的组织情境中会变得更加紧密（Jansen 等，2012）。此外，他还得出结构分化并不会对组织绩效产生直接影响的结论。根据上述一系列研究可知，团队整合机制与组织整合机制在解释组织双元创新方面具有一定的预测性，而且这一可能性在权力下放、与外界建立紧密的关系、资源充足且资源间的独立性较强的组织情境中更强。

此外，最新研究关注到了社会资本对个体双元创新的影响，而且围绕这一问题的研究有助于揭示如何从组织层面和个体层面出发提升组织的双元创新能力。林筠和韩鑫（2017）基于社会资本的三个维度提出三个双元组件（结构维度：结合网络—桥接网络；关系维度：普遍信任—特殊信任；认知维度：共同愿景—组织多样化）。其中，结合网络、普遍信任和共同愿景属于利用性组件，有助于个体的利用式创新；桥接网络、特殊信任和组织多样化属于探索性组件，有助于个体的探索式创新。研究结果显示，个体因兼顾利用式创新与探索式创新所面临的时间冲突主要由知识异同、目标互斥和认知差异所引起，而且如果同一纬度的组件同时存在可以缓解个体面对双元创新的时间困境，那么就可以为每种创新活动合理安排时间（林筠、韩鑫，2017）。王永贵等（2016）通过代表构建理论的 QCA 方法对企业双元能力的构成因素进行探索，最终发现，双元创新能力的增强不单是某个智力资本要素作用的结果，而且取决于其与环境动荡性因素的匹配组合。研究结果表明，外部环境的动荡性是提升双元创新能力的充分条件，人力资本是提升双元创新能力的必要条件，而社会资本是提升探索式创新能力的必要条件。据此可知，构成探索式创新的两组充分条件是（稳定性环境、人力资本、组织资本、社会资本）和（稳定性环境、人力资本/组织资本、社会资本），与此对应的探索式创新能力的提升路径是"全方位创新"和"全新式创新"；而构成利用式创新的两组充分条件（人力资本、组织资本）和（动荡性环境、人力资本、社会资本），而这两大能力得以提升的路径可以总结为"自主创新"和"开放式创新"。

# 第五章　企业劳资关系、工作嵌入与双元创新

在技术革新速度加快和市场竞争日趋激烈的背景下，创新对于企业的重要性与日俱增，尤其是在双元创新的理念提出之后，学术界和实业界对企业的创新和创新的二元平衡都极其关注。长期以来，组织学习、组织结构、领导情境、市场环境等作为影响企业创新的前因要素在关于企业双元创新的研究中很少被提及。而劳资关系作为组织中的一项最基本关系，对于企业双元创新的影响则很少被提及。本章在对劳资关系理论与双元创新理论进行回顾与梳理的基础上，引入员工工作嵌入的视角，寻找出劳资关系影响企业双元创新的路径与机制，并在此基础上提出未来研究方向，为商业实践提供一定的指导借鉴。

## 第一节　新形势下的劳资关系分析

### 一、劳资关系的发展趋势

劳资关系是企业内劳方和资方各种社会经济关系的总和，自企业出现就存在并随着社会经济和法律条件而发生动态演变。在产业革命导致大规模企业普及后，恩格斯甚至将劳资关系称为"现代社会旋转的轴心"。在企业内部，劳资关系的主体是雇主和员工，他们之间的基本权利义务由法律界定，并由企业根据自身的需求在法律规定范围内制定有关本企业劳资关系的规章制度。

从当前世界上的主要经济体市场实践看，各国劳资关系的特点逐渐趋同，即自由的劳动力市场和多样化的用工制度和酬劳体系并存（徐淑英，2012）。但劳资双方的利益诉求仍然存在着一定矛盾，劳方希望企业能够在最大程度上保障自己的各项利益，资方则希望降低人力成本并从人力资源的使用中获得最大的受益，企业的整个发展过程伴随着劳资双方根据彼此利益诉求的动态博弈。在全球化和互联网浪潮的背景下，企业面临着更加激烈动荡的竞争环境和快速变动的技术环境，组织结构和人力资源使用方式都发生了显著的变化，使劳资关系管理领域出现了许多新特征。其中一个特点就是随着大规模组织的不断涌现，一家企业内出现多种劳资关系成为一种很普遍的社会现象（Hom 等，2009）。在产出价值的整个价值链中，不同环节的企业对劳资关系的要求差异颇大（高良谋、胡国栋，2012）。

## 二、新形势下企业劳资关系的内涵界定

作为企业内部的一种基本关系，已有大量研究证实劳资关系会对企业绩效，员工的心理状态如组织公民承诺、组织公平感等方面产生影响（汪林、储小平，2009；Song 等，2009；崔勋等，2012）。在讨论现代劳资关系时，多数研究主要是从资方为雇员提供的各种保障入手，从而分析企业内的劳资关系和氛围处于一种什么样的状态（Nicholson，1979；Lee，2004）。但由于社会背景不同，不同文化下测量劳资关系的侧重点也不一致。西方学者对其的探索较早，他们在界定劳资关系内容时通常会将工会情况、劳动合同、劳资纠纷、员工计划等作为衡量劳资关系的指标（Katz 等，1983），并以此为基础考察企业内劳资关系对企业及个体层面的影响。而我国的工会则由于其地位的特殊性通常不被作为考量劳资关系的指标。在衡量企业内的劳资关系时，中国情境下的研究者更多使用待遇福利、发展晋升、工资薪酬等指标（袁凌、魏佳琪，2011）。

尽管这些研究源于不同的文化背景，但都有一个共同的特点，即基本都是用客观的、可测量的指标来单方衡量企业为员工提供的收益，而

没有考虑企业的人力资源管理价值取向以及由此带来的对员工行为、心理等各方面的影响。考虑到劳资关系是一种互动关系，衡量劳资关系时也应当从员工与企业两方面出发综合考量。基于此，劳资关系领域的研究者引入了关于信任、沟通、平等、尊重等心理方面的研究（Dastmal-chian，1986），以期解决已有研究中忽视员工情绪和互动的问题。从研究成果来看，对劳资关系类型的划分既有包括了合作—对立、积极—消极这样二元对立的划分（吴海艳，2011），也有把其氛围分为劳资共赢、劳资对立和员工参与的多维度共存的研究（Bennett，1997；崔勋等，2012）。但这些研究对劳资关系氛围的测量基本着重在对其概念和内涵的界定，主要研究目的是看组织内劳资关系的不同维度所呈现出的状态，研究成果也聚焦在劳资关系的维度和结果变量，而对于直接影响劳资互动关系的具体前因变量，这部分研究则未给出充分说明。相对而言，徐淑英等（1997）在关于劳资关系的研究中提出了要从雇主对员工的期待和投入两个方面来考虑雇主与员工之间的互动关系，其中雇主对员工的期待是指是否希望员工承担工作外的责任，而雇主对员工的投入则是指对其职业生涯的投入。根据企业期待与投资的平衡情况，徐淑英等将劳资关系分为准现货契约型、投资不足型、过度投资型、互相投资型四种不同的类型，更加清晰地说明了组织中的劳资关系是怎样形成的。

然而，徐淑英等的研究结果发表于20世纪90年代中期，并且立足于西方背景，而随着劳资关系复杂度日渐提升和可用激励手段的增多，需要对他们构建的概念进行进一步的修正，加入新的变量，以进行更加细化的研究。从管理实践来看，虽然从摇篮到坟墓的福利经济已逐渐式微，但为员工提供各种额外保障的隐形福利仍然存在。例如，在中国，不少国企仍然可以为其职工子女提供进入各种对口学校的福利。在大企业中，为员工家庭成员提供保险和福利的管理举措也并不罕见，如腾讯2016年出台的员工过世家属可领半薪十年的措施。而日本的年功序列和终身雇佣制更是被认为是日本企业发展的重要法宝，对于增强企业向心力，降低员工离职率和提升企业绩效起到了重要作用。因此，在考虑劳资关系时，还应当在雇主期待方面加上是否期待员工与企业共同成长，在员工投入方面加入家庭福利等内容。这样才能更加全面准确地反映当前企业内的劳资关系，并进一步以此为基础考察劳资关系给企业内部带来的影响。

## 三、现状小结

通过以上总结可以发现，现有研究在界定劳资关系时存在两方面的问题：部分研究以一种单向的思路来研究劳资关系，忽略了劳资关系是在劳资双方的互动中形成的，使劳资关系的类型难以被清晰界定，而仅能从劳资关系不同维度的得分来认定某一组织内的劳资关系处于较好或较差的状态；从劳方与资方互动角度来考虑劳资关系的研究，对劳资关系内容构成的认知相对狭窄，还需要进一步补充。基于此，本书认为划分劳资关系应该从劳资互动的角度出发，并将劳资关系的内容尽可能全面地包含进来，将资方对劳方的期待分成两个维度：集体导向和共同成长导向，而将企业对员工的投资构建划分为员工职业保障和家庭保障两个维度，从而更加全面地讨论劳资关系对组织内双元创新的影响。

因此，本章将劳资关系划分为合作型、对立型和契约型。其中，合作型是指企业对员工有一些或较多核心工作任务之外的期待，希望员工关注集体利益并长久地在组织中发展，同时也为员工提供与其期待相匹配的待遇；对立型是指企业对员工的付出有着较高的期待，但提供的待遇却较差，使员工容易出现对工作的不满情绪和心理落差；而契约型是企业对员工无核心工作外的要求，提供的待遇根据员工为组织创造的效益来计算，企业和员工对彼此的依赖程度都较低。

# 第二节　劳资关系与工作嵌入

## 一、工作嵌入概念及分析

Mitchell 等（2001）借鉴社会学中的场域和嵌入理论，提出工作嵌入这一概念，将其定义为"将员工束缚的网络"。解释个体行动逻辑的场域理论认为，个体的行动受到其所处空间各种因素的影响（Argyris，1958），社会上的任何个体都嵌入在某个或多个场域中。Mitchell 等（2001）提出，工作嵌入是个体由于在某个组织中工作而被嵌入网络中，员工的行为选择多是由其在网络中的资源和位置决定，其工作嵌入度越高，他们对企业的依附程度也越高。考虑到员工并不仅生活在组织中，其社会属性也会对员工的状态造成影响，工作嵌入不仅应当考虑员工在组织内部的影响，还应当考虑其由于在企业中工作而在家庭、社区等方面受到的制约，他们将工作嵌入分为内外两个方面。

员工进入企业工作的首要目的就是获得劳动报酬，并在此基础上提高整体生活质量，不同类型的劳资关系会对组织成员工作嵌入的程度产生不同程度的影响，即在不同类型的劳资关系影响下，员工会以不同的依附状态嵌入在工作中。曾有研究指出，在中国情境下考虑社区问题不符合现实情境，因此只关注工作内嵌入（王莉、石金涛，2007），而本书认为中国注重传统文化中的关系（梁小威、廖建桥，2005），现阶段更是开始强调工作家庭的平衡。因此即使是单纯考察中国情境下的劳资关系，也不应当排除工作外嵌入的影响。本书按照 Mitchell 等（2001）的结论，把其分为三个不同的维度，其中的每个维度都涉及工作内嵌入和工作外嵌入。

第一，联结。组织成员由于在企业中工作，不可避免地会与其他成员或其他组织内外的个体、机构之间形成的各种正式、非正式的联系，这种联结既包括工作上的关系，也包括心理、财务、社会活动等各方面的关系。

第二，匹配。即组织成员对企业以及其当时所处环境的兼容性和舒适性。这种兼容性包括员工的工作技能、职业生涯发展与规划、文化契合、家庭需要等，而不仅仅是简单地将员工与组织相匹配。当这些方面都能获得一定程度的满足时，员工才能感到自己和组织之间达成一种匹配状态。

第三，牺牲。即组织成员离开企业所造成的各种心理、物质上的利益损失。当员工离开组织时，不可避免地要终止与原有同事的工作关系、已经熟悉的业务和工作流程、原单位提供的各种津贴福利以及各种无形收益等。如果员工退出组织，个体由于工作技能的不匹配或心理舒适度的下降，可能会产生挫败感。当他们需要舍弃的东西越多时，也就更难以割舍与企业的关系，工作嵌入度随之增加。

由此可以看出，员工作为社会人具有经济上和心理上的各种诉求，这势必使他们嵌入在不同的网络中。当某个员工在特定情境中嵌入的网络数量增多，嵌入程度就加深。当员工因为在组织中工作而将自身的人际交往、家庭等更多地与组织联系在一起，其工作嵌入程度高于将工作与个人生活分离的员工。因此，与其他衡量员工在组织中状态的概念相比，工作嵌入更加全面地说明了组织与员工之间的关系，当用工作嵌入来解释员工在组织中的状态时，比工作满意度、社会交换、工作感知等具有更高的解释力（Mitchell 等，2001；Lee 等，2004）。

## 二、劳资关系对工作嵌入的影响

在不同的劳资关系下，员工的工作嵌入程度必然会有所差异。当企业对员工投入较多时，他们的工作嵌入度也相应地有所增加。具体而言，在合作型劳资关系中，企业对员工的期望较高，希望员工能够承担核心工作之外的责任，因此更加看重工作团队的绩效，也更加倾向于使用内部晋升来提拔任命，而员工在此期间的互动形成的联结，也是他们心理满足感的一个重要来源。对人力资源培训的投入则使员工的工作技能与组织需求更加契合，从而实现了更高程度的组织匹配，使他们对组织的依附程度较高。当有员工离开企业时，他们在企业中所学习到的工作技能很大一部分会沦为沉没成本，从而降低了他们离开组织的意愿（Hom 等，2009）。因此在合作型劳资关系中，员工工作嵌入的联结、匹配和牺牲程度都较高。在契约型劳资关系中，企业没有依赖员工来提升企业长期绩效的期待，员工根据劳动契约完成企业的工作要求并领取报酬，这一交换过程具有非常显著的经济性而非社会性，员工专注于自身工作而缺乏与其他组织成员交流的动机，工作目的是在企业规定的要求下完成任务获得劳动报酬而不关心企业的长期发展，这导致他们心理上的自我满足感较低。对组织的低依赖性也使得他们不会主动掌握、提升与企业相匹配的工作技能，离开企业时面临的牺牲也较少。而在对抗型劳资关系中，企业即使有着较高的员工期待也不愿意对人力资源进行充足投资，对员工人力资源和福利的投入均较少，员工在与企业的交换关系中难以达成一种平衡状态，因此缺乏长久留在组织中的动机，掌握与企业相匹配的工作技能的意愿也不强烈，这使得对立性劳资关系中的工作嵌入程度明显低于合作型劳资关系，也低于契约型劳资关系。基于以上论述，在此提出本书的命题一。

命题一：合作型劳资关系对工作嵌入的影响最大，契约型劳资关系次之，对抗型劳资关系对工作嵌入的影响最小。

在企业对员工的期待和投资方面，对共同成长和家庭保障关注的差异在实践中得到显著体现。对以契约文化为价值导向的企业而言，企业与员工相对而言是一种更为纯粹的雇佣关系，企业无须为员工的职业发展和家庭福利付出过多的投资。而在更加强调集体主义的东方文化或社会主义国家中，虽然在客观上也实现了劳动力市场的自由化，在企业文化中却更倾向于强调"家文化"。根据中国的实际情况，在我国这样一个注重责任感和人际关系的社会结构中，家庭联系无疑是每个成员最紧密的社会关系，如配偶工作的变更、子女的教育需求、家庭的社会关系等非工作因素都会对员工的心理状态产生影响（张明，2011）。这些差异使同一种劳资关系中工作嵌入的程度并不完全相同，也使劳资关系的影响在实践中呈现出更加复杂的形态。

与单单关注集体绩效的企业相比，具有长期导向的企业更加愿意培训员工，投入更多的资源使员工掌握企业发展所需的技能，使他们的个人职业生涯发展与企业的发展方向相一致。当企业不仅关注员工的职业技能，也能够为员工提供合理的家庭保障福利，让员工与家庭成员之间的联系更加紧密时（Prestholdt，1987；Lee、Maurer，1999），员工对企业的依附程度也会更高。企业建立与员工个人生活领域联系的过程是一种社会整合的过程，在这一过程中，与组织外成员如家人、朋友的联系是员工获得心理满足感的重要来源之一（Cohen、Kirchmeyer，1995），员工作为个体，将更加依赖组织所提供的支持和帮助，当企业能够为员工提供良好的社区环境、家庭福利、住房计划等保障时，员工离开企业的意愿更低（Feldman、Bolino，1996；Shaffer、Harrison，1998）。虽然员工重新找一份工作并不困难，但离开组织时，他还是可能面临福利计划、股票期权、稳定的工作发展等长期收益的流失；如果员工已经在家庭所在社区建立良好的人际关系，还会导致社会资本的损失；如果离开为家庭成员提供福利的企业，还会带来家人的福利损失。

通过对劳资关系内涵的进一步分析和扩展得出，即使是在同一种劳资关系中，其企业与员工之间的互动状态也很可能并不相同。例如，在合作型劳资关系中，当雇主对员工期望程度较高时，雇主的期待可能只包含了集体主义的维度而不包括长远发展的维度，对员工的投资可能只包括职业生涯的投资而不包括对员工家庭福利的关注，这也是一种劳资合作的平衡状态，但与更加关注员工长远发展和家庭福利的企业相比，这种平衡状态显然是一种较低水平的平衡。对抗型劳资关系中，企业对员工有着较高的期待，在投入方面，可能仅在员工的职业技能方面投资，或许也会在他们的职业技能和家庭保障方面都进行低水平的投资。在同一种劳资关系中，相比只提供某一方面的激励，对员工更加全面地进行激励，可以提升员工对企业的依附程度。基于以上论述提出本书的命题二。

命题二：在同一种劳资关系中，当雇主对员工的期待和投资包含了共同成长或家庭保障时，员工的工作嵌入程度更高。

## 三、劳资关系视角下的组织双元创新机制

在现代商业竞争条件下，各种创新的速度越来越快，组织为了保证自身的发展，极其强调创新对于企业的作用。在经济结构转型和升级的关键时期，外部环境日益动态复杂，企业要想取得成功，就必须既能为满足未来的需求而创新，同时也能有效运作现有的商业模式，即组织具有二元性（Duncan，1976）。基于组织二元性视角来看组织创新（王凤彬等，2012），则可以将组织创新划分为探索式创新和利用式创新（March，1991），即针对组织未来活动的创新和针对组织当前活动的创新。

从出发点来看，利用式创新的起点是已有的组织和活动，其主要是根据公司已有的知识来对现有的产品等进行优化，其目的是在企业现有的竞争领域吸引更多的顾客或更好地服务当前客户，因此创新的幅度和速度都相对较小（Benner、Tushman，2002；Jansen 等，2006）。而探索式创新则不依赖企业已有的知识，创新的重点是搜寻与已有业务不同的增长点，通过吸收转化新知识、开发新的技术，从而进入新的市场或获得新的营销渠道。与利用式创新相比，探索式创新的幅度更大，风险性也更高，服务对象也很有可能与企业原有客户群体不一致（Levinthal、March，1993；He、Wong，2004）。关于两种创新是否能够在同一个组织内存在，学术界早有争论，而目前的主流研究结果是企业可以通过在组织内部实现情境分离、实施多元领导风格等来达成组织内创新的二元平衡（O'Reilly、Tushman，2011）。在少数关于工作嵌入对创新影响的研究中，也仅仅是从工作嵌入的特质入手，指出工作嵌入的程度能够影响企业创新的水平，而没有区分不同的劳资关系和工作嵌入下，组织创新呈现出什么样的特点，更没有进一步区分利用式创新和探索式创新在不同的劳资氛围下会呈现怎样的状态。

根据经济社会学的观点，个体的行动逻辑在很大程度上由其所处的社会网络来决定，当组织成员按照其在网络中的位置，有差别地嵌入在网络中并占据不同的资源时，他们面对同一环境或者诱因会采取的行动将不一致（李久鑫、郑绍濂，2002）。因此，当劳资关系的氛围不同时，员工在企业中所表现出的创新行为也是不同的。当员工感受到组织内积极的氛围时，能够更加主动地参与影响企业发展的活动，从而使企业的创新绩效得到提升（刘善仕等，2007；马文聪等，2010）。这一效应通过工作嵌入实现（Hom 等，2009），当员工的工作嵌入程度不同时，对企业的双元创新影响也不同。

1. 工作嵌入对创新效果的影响

企业创新的过程是以前期积淀为基础，在企业能力和资源的框架内按照逻辑发生的。在这一过程中，组织的学习能力和知识的积累与转化能力是创新的基础（Kogut、Zander，1992），创新团队的氛围则是保证创新成功的重要条件，职业发展氛围、创新氛围和知识发现等都会对企业的创新起到显著的积极作用（Hurley，1998；Mumford，2000）。

组织学习是创新的第一步，而决定学习效率和成果的是组织成员对知识的总结、整合和吸收能力（张军等，2014）。从工作嵌入的角度来看，当员工的工作嵌入程度更高时，组织能够由于较强的学习能力而获得更好的创新效果（李永周等，2014）。这是因为高工作嵌入意味着员工对组织知识积累和发展方向有着更加清晰明确的认识，会主动将自身职业生涯发展与企业长期发展目标匹配，以及维持与组织内外各种机构和个人的紧密联系。在这一情境下，员工必然会以组织的发展需求为出发点进行学习活动，对已有知识进行高效率的整合和总结，习得具有组织专用性特质的技能，并保持对组织相关知识的敏感性，与外部机构和个人的联系又使得员工有良好的渠道获取有用的外部知识。而紧密联结所带来的默契和顺畅的交流，让知识的传播和转化在组织内更容易实现，使组织能够卓有成效地对组织各项能力进一步开发利用，把外部知识更快地吸收到组织中来，从而促成创新。这也使组织更容易在内部形成学习—创新的良性循环，当员工离开企业时，不仅会面临物质利益的损失，还伴随着对熟悉的学习过程和知识转化过程依赖的丧失、对已经掌握的专有知识的贬值。有研究明确指出，当员工跳槽到新公司后，由于组织资源的丧失，他们并不能保证之前的高水平工作绩效，甚至呈逐年下降的趋势（Groysberg 等，2004）。

影响组织创新的另一重要因素是创新团队的工作氛围（李永周等，2014）。在知识经济的大环境下，组织内很少有仅依靠某一个体的创新活动，而是以团队为基本单位开展工作，因此不可避免地会被团队内的氛围所影响。甚至有研究指出，在对知识水平要求较高的工作环境中，组织成员对自身的成就动机和团队成员的忠诚要高于对组织的认可。已经有大量实证成果证明，工作嵌入对于员工的工作绩效和创新绩效都有极大的提升作用（Lee，2004；Holtom 等，2006；王端旭、单建伟，2010），高水平的联结使得组织成员在团队内部的工作交流和人际交往更有默契，对团队内部的工作方式和潜规则更容易达成共识，形成轻松和谐的团队氛围，这就促使员工以更强烈的愿意投入企业创新工作中，从而提升创新活动的效果。同时，对团队的认可会进一步增强员工与其工作的匹配程度，更有利于员工以已有的知识积累和市场经验进行创新活动，使得创新活动更好地增加企业绩效。相反，离职则会令员工面临未知的团队氛围，有可能降低其创新绩效。

在三种不同的劳资关系里，合作型劳资关系中员工的工作嵌入水平最高，资方不仅希望员工能够完成核心绩效，还期望他们能够注重集体和长远绩效，创造良好的团队氛围，分享组织内的缄默性知识，因此对组织的创新活动有着最明显的推动作用。而契约型劳资关系中，虽然员工会出于对回应领导要求和尊重合约的心态工作，但由于缺乏足够的组织推动力以及团队氛围的建设，其创新水平会低于合作型劳资关系。而在对抗性劳资关系中，员工的工作嵌入程度最低，离职意愿最明显，缺乏为组织进行创新的必要动力，因此创新活动的效果不明显。基于以上论述，在此提出本书的命题三。

命题三：合作型劳资关系和契约型劳资关系对企业创新有正向的促进作用，但合作型劳资关系的促进作用要高于契约型劳资关系；工作嵌入在两种劳资关系与创新效果间起中介作用。

2. 工作嵌入对双元创新的影响

利用式创新和探索式创新在实现过程和目的方面呈现出显著不同的特点，利用式创新主要与改良、提升活动相关，而探索式创新主要与发现、变革、实验等活动相关（March，1991）。与两种创新活动相对的是组织两类不同的学习形式，以知识来源作为划分标准，可以把组织的学习划分成内部学习和外部学习（许晖、李文，2013）。一般来说，利用式创新与内部学习相关，而探索式创新与外部学习相关。其中内部学习和知识的积累贯穿在企业的整个发展过程中，并以掌握组织独特知识的员工为载体不断传播和演进，其作用主要是对已有知识和能力进一步挖掘，帮助员工更好地了解和改善组织的运营情况，从而增强企业的运作能力。外部学习则是指组织通过与上下游合作者、竞争对手、顾客等的交流沟通，寻找新的市场机会，并在此基础上有意识地搜索新知识并把其吸收为组织内部知识的过程。因此，当员工的工作嵌入水平较高时，对企业的利用式创新和探索式创新都能起到正向的促进作用。然而，利用式创新与探索式创新的区别使工作嵌入对他们的影响表现出不同的形态。

在整个学习过程中，探索式创新更加关注组织尚未掌握的知识，对学习内容并不追求绝对精确，其目的主要是获取全新的知识和技能，从而使组织获得新的增长点，是组织维持活力的重要机制之一。知识的主要来源是其他组织乃至行业的信息和技能，学习过程则伴随着对新技能的模仿和新知识的吸收转化及应用，使企业能够进一步丰富自身的知识储备。与之相反，利用式创新和内部学习的内容则更加精确，其目的主要是提升组织效率、优化流程，但最值得注意的一点是内部学习的"学习陷阱"问题。之所以会出现这一问题，是因为组织在不停的内部学习完善中会形成一套解决问题的机制，形成路径依赖（周玉泉、李垣，2005）。每当有新问题出现时，组织成员会在第一时间按照组织惯例解决问题，从而令组织的经验和知识积累局限在一个固定的范围内，也使得新能力的产生面临阻碍。

除了学习路径有所区别，探索式创新与利用式创新在面临的风险水平上也相去甚远，探索式创新的风险程度要远高于利用式创新。在企业已经熟悉的市场领域，顾客的需求是明确的，利用式创新的目的就是要根据客户群体的需求为他们创造更多的价值，而探索式创新所服务的对象更加模糊，需求也不明确，其学习和创造过程不是简单地扩展。当进行探索式创新时，企业所投入的精力、资金和技术等均要高于利用型投资，一旦对机会的评估出现失误，前期的投入则基本会成为沉没成本，无法收回投资。因此，虽然探索式创新对公司的长期发展有着至关重要的影响，但仍然有很多公司由于其风险性，在考虑到探索式创新时疑虑重重（O'Reilly、Tushman，2011）。

正是因为企业利用式创新和内部学习的这些特点，当员工的工作嵌入水平超过一定程度时，对企业的探索式创新反而会有阻碍作用。高工作嵌入员工的工作与企业的需求越相符，离职另谋发展的意愿就越低。对于这些员工而言，他们利用已经积累的知识提升组织效率时工作效果相对显著，但学习新的知识技能则需要付出较高的时间精力成本，成效却难以预测（O'Reilly、Tushman，2011）。工作嵌入带来的组织认同感也使他们在心理上更加认可企业本身已有的业务，认为改进企业现有业务是更为稳妥的发展方式。一个鲜明的例子是，甲壳虫汽车在第二次世界大战后创造出亮眼的成绩，但随着市场形势和顾客需求的变化，甲壳虫的销量大不如前，并喊出了"甲壳虫永远向前"的口号。然而，当时大众的经营者面对市场变化却坚持不改变发展思路，但是随着市场占有额和利润的大幅度下降，最终还是不得不屈从于市场压力，转而生产其他车型，企业在这一过程中遭受了巨大损失。另外，风险厌恶也使得这些员工对探索式创新心生疑虑，从避免给企业造成可能损失的角度出发，他们更加追求稳定的发展路径。此外，探索式学习还具有模糊的特质，减少探索式创新的努力很可能并不会让领导察觉（Sekiguchi 等，2008），这就进一步降低了员工克服困难进行探索式创新的热情。在计划经济年代，各种国有组织都属于员工高度嵌入的单位，员工高度依附于组织，生老病死和家庭生活基本都与所在单位息息相关，因此"求稳拒变"成为他们的主流思想（李汉林，2005）。在这种情形下，组织成员高度同质化，信息来源和学习渠道基本一致，使得新知识的获取和转化难度都较高（Nahapiet、Ghoshal，1998）。此时组织不仅难以接受新的思想，甚至会排挤具有创新意识的员工，造成人才流失的局面，这一情况直至市场经济出现才有所改变。

从几种不同的劳资关系来看，在合作型劳资关系中，企业对员工的期望较高，对员工的投资力度也较大，员工的工作嵌入度也较高，有利于组织的双元创新。然而，由于组织内外部学习的特点，工作嵌入并不是越高越好，当员工嵌入企业的程度过高造成企业僵化时，企业内部更容易形成一种思想惯性，注意力更加集中在对内部能力的使用和提升上，使探索式创新难以为继。在契约型劳资关系中，员工由于享受到较多的收入与合同限制等，有意愿认真工作换取劳动报酬，但这种意愿很难扩展到挑战高难度工作、主动为组织进行探索式创新的地步，因此创新集中在对组织内部资源的利用上。而在对抗型劳资关系中，员工工作嵌入程度较低，其创新意愿和动力都处于低水平，因此对两种创新的影响一致，均无明显的推动作用。基于以上论述，提出本书的命题四、命题五和命题六。

命题四：合作型劳资关系对组织的利用式创新和开发式创新都有正

向作用，而工作嵌入在二者的关系中起中介作用；其中工作嵌入与利用式创新间为线性关系，而与开发式创新间呈倒"U"形关系。

命题五：在契约型的劳资关系中，对组织的利用式创新有正向作用，但对探索式创新无显著影响，工作嵌入在过渡型劳资关系与利用式创新间起中介作用。

命题六：在对抗型劳资关系中，员工的内外工作嵌入程度都较低，因此对两种创新均无积极的推动作用。

## 四、本章结论与研究启示

在商业环境和技术环境都快速变动的背景下，如何实现企业现阶段的发展策略与未来的探索方向的平衡，保证双元创新的均衡，是任何一家企业都必须关注的问题。通过对劳资关系、工作嵌入和双元创新现有研究的梳理和分析，本书得出以下研究结论：

第一，在现阶段经济发展的背景下，劳资关系越发复杂，在界定时，需要将劳资视为博弈的两方，并尽可能全面概括劳资关系所包含的内容。劳资关系的复杂化一方面与大型组织的出现有关，大规模组织必然导致复杂的分工，而不同的岗位对于企业的重要性是不同的，因此自然导致企业对不同岗位差别对待，使用各自的劳资管理方法。另一方面随着互联网技术的发展，在全球范围实现人力资源外包早已是企业降低人工成本的一种手段，这势必导致企业劳资管理工作的进一步复杂化。因此，与立足于资方劳动规定的劳资关系相比，以资方对员工的期待与投资为研究出发点，利用它们之间的平衡关系来划分劳资关系的类型，不仅能够更加准确地反映员工在企业中的待遇，也能够更好地预测不同的劳资关系类型对企业和员工带来的影响。

第二，劳资关系作为组织内最基本的关系之一，会显著影响员工的工作嵌入程度，当企业的投入越多时，员工的工作嵌入程度也越高。随着公司制与工厂规模化生产成为现代社会生产关系的主要特征，个体的工作时间逐渐增长，家庭与工作之间的界限也日渐模糊，工作关系对个体的束缚也从单纯的经济报酬扩展到了其他方面。随着对劳资关系认识的不断深入以及对员工利益的重视，不少企业都开始将员工的心理健康、职业发展和家庭福利等纳入劳资关系管理的范畴，这使得员工对组织的依附度增加。对于那些提供了较多投资和福利的企业来说，员工的工作嵌入程度更高，积极工作和为企业创造良好氛围的意愿也就更强。

第三，劳资关系是影响企业双元创新水平的重要因素，其影响通过员工的工作嵌入来实现，但劳资关系通过工作嵌入影响企业双元创新的路径并不一致。具体而言，合作型劳资关系和契约型劳资关系对利用型创新的促进作用是线性影响，在企业仍从事目前业务的情况下，合作型与契约型劳资关系的改善能够提高员工的工作嵌入程度，而员工工作嵌入程度的提高对提升企业的利用式创新具有稳步提升作用。而在合作型劳资关系中，员工工作嵌入程度的提高对探索式创造则起到了倒"U"形作用，即超过了一定的临界点后，工作嵌入程度的提高反而对探索式创新不利。契约型和对抗型劳资关系对工作嵌入的影响，不能对企业的探索式创新起到正向的推动作用。因此，对于那些希望保持双元创新平衡的企业来说，合作型劳资关系是最佳选择。

本章内容对于企业的劳资关系管理实践具有以下启示：

第一，改善劳资关系对于实现企业的长远目标有着举足轻重的作用。从对不同劳资关系的分析中可以看出，相比仅限于经济交换的契约型劳资关系，合作型劳资关系能够更好地促进企业双元创新的平衡与发展。在知识与经济飞速发展的背景下，任何一家企业都不可能凭借着已有的知识、产品或渠道来维持竞争优势，而是要在保持现有优势的基础上，不断发掘新的市场机会，为企业发展寻找新的增长极。企业内部的劳资关系是否和谐，员工是否愿意将个人的职业前途与企业的发展方向结合起来，是企业能否实现创新的二元平衡的基本关键因素之一。如果企业对员工的投入不足，组织内外部的知识积累和转化会随着员工的高离职率而流失，在这种情况下，企业不仅难以把握新的市场机会，甚至难以维持现有的竞争优势。

第二，改善劳资关系并不是对员工福利的无限制投入。过于安稳的职业生涯和过高的福利水平会使企业内的员工故步自封，丧失忧患意识，从而失去创新的动力。当员工嵌入在组织内的程度超过一个临界点时，由于人际交往、资源和信息的同质化，识别、接受新的知识并将其转化为组织可利用资源的可能性大大降低。这一方面来自组织成员接触新鲜知识难度的增加，另一方面也来自员工对企业的高度赞同，以至于认为企业没有必要开发新的市场机会。日本企业的年功序列和终身雇佣曾经被认为是企业成功的重要法宝，但这一劳资关系价值取向使日本企业的探索式创新能力后劲明显不足，三洋、东芝、索尼等曾在各自领域取得显赫成绩的企业，最近都陷入了各种各样的困境，导致这一境况的重要原因之一就是它们对提升已有产品品质创新机制的僵化。

第三，企业应当根据其在价值链中的位置选择适当的劳资关系模式，而非盲目加入改善劳资关系的行列之中。在行业高度分工的现在，任何企业都要与其他企业合作来达到有效运营。以苹果公司为例，其旗下产品的生产、研发与销售网络遍布全球。在整个价值链中的企业，应当明确自身在价值链中的位置、分工、主要竞争优势以及阶段性发展目标。对于是否有必要在企业内建立合作型劳资关系，要充分考虑员工的工作性质，如契约型劳资关系可能更适用于劳动密集型企业。对于组织内不同的岗位，企业也应当依据其工作内容来选择与其匹配的劳资管理方式，以保证企业的人力资源投入可以获得更好的回报。

第四，重视两种创新的平衡，保障企业的长远发展。实现双元创新的平衡对于企业而言并非易事，这两种创新不仅性质不同，而且在某种程度上两者之间还存在着竞争关系。由于资源的有限性，当企业在一种创新活动上的投入过多时，必然将削减投入另一种创新活动的资源。过度专注已有产品而忽视新的市场需要，使得企业在市场趋势变化时难以转型的例子不胜枚举，例如，曾经的胶卷巨人柯达公司直至破产都在生产着世界上最好的胶卷。反之，过于重视探索式创新而忽略了创新的本质是为了提升竞争优势或使其他方面得到发展，则很可能使企业成为行业"先烈"，把握住了市场先机却难以实现基业长青。

# 第六章　企业劳资关系与双元创新能力：一个基于心理契约视角的案例研究

任何一个企业所迸发出来的创新能力都离不开劳资双方的良性互动。已有大量研究表明，代表资方力量的最高管理者或管理团队以及研发人员是企业双元创新能力的主要推动者，而忽略了人数占比最大、最了解顾客需求的员工其实也是企业创新能力的关键主体。本书以心理契约为研究视角，借助劳资双方的心理契约履行情况观测企业劳资关系的变化，同时依据"组织支持—组织承诺—组织公民行为"的研究范式，探讨企业劳资关系对双元创新能力的影响路径。研究发现，随着企业承担的组织责任越来越多，员工愿意履行的员工责任也在不断增加，继而提升了企业的双元创新能力。然而，企业双元创新能力并不是一直上升的，会受到不同发展阶段的影响。具体而言，企业双元创新在生存阶段以探索式创新为主，进入规范化管理阶段以利用式创新居多，但是在步入精细化管理阶段后以探索式创新为主的企业双元创新又占据主导地位，而这一企业双元创新能力在整合管理阶段将会转变为两种创新的基本平衡。本书有效弥补了双元创新能力的理论缺陷，同时深刻揭示了通过企业的劳资关系塑造双元创新能力的关键路径，为企业的管理实践提供理论依据。

## 第一节　问题提出

2010 年以前，由于对工人罢工事件没有相应的立法保护，所以被称为"群体性事件"。然而，以南海本田的工人罢工为标志性事件引发了一连串的罢工潮，此后相关立法工作在国家及政府的高度重视下取得了长远进步，集体谈判制度至此得以实行。回顾新中国成立以来的中国企业劳资关系，不难发现，劳动立法历程就是一部近代中国劳工运动史。伴随着契约关系的日益规范，关于企业劳资关系的研究呈现了劳动契约与心理契约并重的局面（郑子林，2014）。基于国内外劳资关系在多个方面都有所不同，国内企业劳资关系的考察和测量不能仅依靠出于各种不同的调查研究目的而建立的指标体系，更应该从心理契约等非法制逻辑层面、非正式关系中窥探企业劳资关系的真实情况。从组织管理角度来看，心理契约不仅是劳资关系的重要表现，更是脱离法制层面的劳资关系的真实体现。近年来，基于心理契约视角的劳资关系探讨已逐渐发展为主流研究脉络中的一支。

创新是推动产业转型升级的重要内生动力（邓少军、芮明杰，2013），在高度动态和竞争激烈的市场环境中占有极其重要的地位，同时也是帮助企业获取核心竞争力、实现可持续发展的关键力量（Andriopoulos、Lewis，2009）。而在现实情境里，管理层往往会面临这样的一种决策困境，即在深度开发现有能力、资源的基础上进行"利用式创新"和开辟一项企业甚至是行业内从未有人涉足的"探索式创新"之间难以抉择，这也就是为什么双元创新能力是劳资关系质量的成长结果体现。创新是企业实现目标、获得长远发展的主要路径，但是信息传播的实时性在很大程度上减弱了技术创新在这一过程中的作用并提高了管理创新的重要性（Volberda 等，2013）。反观华为、阿里巴巴、海尔这样的本土企业典范，它们不仅是技术上的行业领军企业，也是管理创新的先行者。更重要的是，这些标杆企业无论是在利用式创新方面还是在探索式创新方面都表现出众。这一发展现状再次支持了既有观点，即同时具有两种创新能力的组织比只具有一种创新能力的组织更有竞争优势，更容易实现既定的业绩目标，甚至达成战略目标（Lin、Chang，2015；Yang 等，2015）。

至今，对双元创新的探讨多是从以下三方面着手：一是重点研究双元创新的定义内涵及外延（Popadiuk，2012）；二是以双元创新为前因变量来探讨其与一些结果变量间的关系，如创新绩效、服务敏捷性、组织承诺等（Lin 等，2013）；三是以双元创新为结果变量，探讨企业双元创新能力的影响因素（Chang、Hughes，2012）。从研究特点来看，既有文献着重的是企业创新与各种产出间的关系，忽视了组织与员工间的关系作为一个整体始终影响着组织生产和运营活动的各个环节，这种影响不仅关乎企业的创新活力，甚至还涉及创新的深度和宽度。因此，本书从心理契约视角出发，聚焦于企业的劳资关系对双元创新能力的影响，借鉴朱晓妹、王重鸣（2005）提出的心理契约结构，采用单案例研究来了解企业劳资关系对其双元创新能力的影响路径。

# 第二节　理论基础

## 一、双元创新能力

"双元"意指组织能够同时执行两种完全不同且相互冲突的活动（Rothaermel、Alexandre，2009），而双元创新（Ambidextrous Innovation）是组织在处于繁杂的外部环境时，同时具有并有效运用互相冲突的创新活动的能力（He、Wong，2004）。国外学者对于双元创新的概念界定更为深刻，其中以詹姆斯·马奇（James G. March，1991）的研究最具代表性，他认为双元创新可以划分为利用式创新（Exploitation Innovation）和探索式创新（Exploration Innovation）。利用式创新旨在通过对现有能力、技术和流程的扩展来提高组织的运营效率，主要创新路径是知识资源、分配渠道、技术手段、管理方式的整合或深度开发（Jansen 等，2005），是一种渐进的创新活动（Hughes 等，2010）。而探索式创新是一种采用全新创新策略应对未来发展需要，致力于知识资源、分配渠道、技术手段、管理方式的全面转型或全新开发（Jansen 等，2005），这种创新往往伴随着更长的回报周期、更大的回报不确定性。与利用式创新相比，探索式创新的主要特征是从企业经营管理活动的空白区域进行创新。根据希姆塞克（Simsek，2010）对双元能力的界定，本书认为，双元创新能力主要体现在三方面：一是在理念、制度、组织结构、管理方式上具有探索和利用的创新能力；二是在企业价值链的各环节中，具备探索新知识和利用旧知识的创新能力；三是强调同时通过探索和利用两种能力来实现更好的绩效表现。

## 二、心理契约

心理契约（Psychological Contract）描述的是劳资关系中的劳动者与资方之间不成文的、内隐的责任与义务，或各自对对方抱有的期望。这一名词最初关注的是在组织与员工之间，除了正式的雇佣条款约定外，还有隐含的、非正式的相互期望和理解。伴随着理论的不断完善，目前心理契约已经被界定为员工和组织对彼此相互责任义务的主观约定（刘军等，2007）。尽管这一概念在发展过程中曾出现多种不同的概念界定及外延，但这些研究工作的核心都围绕"心理契约是企业与员工间的内隐交换关系"而展开（朱晓妹、王重鸣，2005）。

研究初期，对于心理契约的划分以交易和关系维度为主，也被称为二维结构模型。其中，交易维度指的是组织明确或隐含承诺根据员工所执行的任务情况提供一定的金钱奖励，如加快发展、高工资和绩效工资等；关系维度意指员工和雇主之间的社会—情感的交互作用，包括长期的工作保障、职业发展和个人问题的支持等（Robinson、Rousseau，1994）。尽管二维结构模型丰富了心理契约的理论发展，但是二维结构的划分并没有得到实证研究的充分支持（Arnold，2008）。可喜的是，Coyle 等（2000）在进行因素分析时发现了心理契约的第三维度——培训维度。21 世纪初期，关于心理契约的结构分类依然有着多种看法，结构划分和维度界定也有着争议，但都表现出一个共同点，即员工越来越关注自身在组织中的成长趋势。这就不难理解为什么早期提出的交易维度转化为规范维度，而关系维度则分化为人际和发展维度，从而形成了心理契约的三大维度：规范、人际和发展。

心理契约是一个涵盖多主体的、连续的过程，需要依次经历"契约建立—承诺未履行或未完全履行—契约破裂—契约违背"过程（郑子林，2014），但其终点具有多种可能性。既有研究普遍认为，心理契约特别是心理契约的履行情况最能反映企业劳资关系的变化（刘军等，2007；张淑敏，2011），是企业劳资关系的直接体现和真实写照。这一

企业劳资关系与双元创新能力：一个基于心理契约视角的案例研究

观点之所以能够得到国内外学者的广泛认同，是因为每一个环节的顺利实现都建立在前一个或前几个环节的基础之上，如果劳资关系在契约破裂和契约违背环节难以维系，归根结底是契约履行环节出现了问题，从而体现出较低的劳资关系水平。因此，心理契约的履行情况就成为了测量在这一视角下劳资关系水平的探索工具。刘军等（2007）借助员工义务感和期望两方面测量心理契约，员工的义务感包括与同事合作、帮助同事、在工作时起良好的示范作用、做出高出岗位要求的工作表现、对公司忠诚、对上司衷心、辞职时会提早通知公司、不会支持公司的竞争对手；而员工的期望则包括合作的工作环境、友好有趣的工作氛围、工作有趣、被尊重、按绩效付酬、按绩效奖励、有竞争力的薪酬。虽然他们较为全面地揭示了心理契约的发展过程及结果并建立了契约过程心理学的系统研究，但是对心理契约的考察，只从劳方角度出发进行，而忽略了资方。而朱晓妹和王重鸣（2005）则借鉴 Jardat、Rozario（1995），Rousseau（1990），陈加州等（2003）的研究成果设计中文语境下的心理契约调查问卷，并从组织责任和员工责任两个角度构建测量题项。由此可见，在加入组织层面的心理契约后，利用同时包含员工和组织层面的心理契约的研究体系更具现实意义。遵循这一研究体系，劳资关系中的心理契约意味着组织与员工感知到了彼此为对方承担的责任，具体包括"组织对员工的责任"和"员工对组织的责任"（李原、孙健敏，2006），两者恰好分别与组织支持、组织承诺相对应。有研究表示，对于劳动者特别是非知识型劳动者而言，普遍呈现出"组织支持在先，组织承诺在后"的现象（徐细雄、淦未宇，2011）。更重要的是，劳资双方对这两种责任的认知会显著影响员工组织承诺的责任意识及其工作态度。上述研究表明，无论是从组织责任还是从员工责任角度来看，心理契约的三维结构都比二维结构更可靠、更合理、更受认可（朱晓妹、王重鸣，2005；徐细雄、淦未宇，2011）。

结合实际情境，心理契约违背得以出现的主要原因可以总结为：无力兑现、有意违约以及由于沟通不畅引起的认知不同（Morrison、Robinson，1997）。虽然前两者属于劳资关系主体在责任层面的履行不力，而认知差异则属于责任履行不力的前因，但是三者的落脚点均为劳资双方的责任履行。那么，借助心理契约考察企业劳资关系的必要性体现在哪些方面呢？一是心理契约是企业劳资关系的文化体现（朱飞、熊新发，2012），该做法有效填补书面协议未涉及的内容，考察了非正式层面的、脱离法制逻辑思维的劳资关系，而这种考察方式恰是劳资关系的真实写照。二是心理契约同时涵盖了组织责任与员工责任，两者之间具有对等性且互相影响，生动展现出劳资关系是一种多方主体参与的、动态的关系。三是考虑到了劳资双方对责任及其履行情况的认知差异，具体而言，两者之间的认知差异小就意味着组织责任与员工责任的履行情况更加对等，劳资主体对对方也较满意，劳资关系的质量也更高。

因此，本书基于心理契约的三维结构（规范、人际、发展），借鉴李原、孙健敏（2006）的研究成果，从组织责任和员工责任两个方面考察企业劳资关系，并探讨其与企业双元创新能力的关系。

## 三、企业劳资关系与双元创新能力

与组织承诺相似，员工责任的规范、人际和发展维度体现了他们对企业逐渐增强的支持程度，其结果就是他们希望成为其中一员并认可组织目标和企业文化，也愿意为了组织目标和利益而努力工作。这就是众多运营者把组织承诺看作高层次管理目标的原因所在。如果组织承诺得以实现就意味着员工体会到了来自企业的支持，他们也更愿意主动承担自身责任，也愿意为了组织利益实施自我监督和自我控制，保障其招聘、培训和选拔上的投资回报（章海鸥，2003），也较少加入旷工、早退等扰乱劳资关系的行列。当劳动者感知到组织承担起对自身的责任就意味着员工的基本利益得到了保障，作为回报员工也会维护组织的基本利益。

1. 基于规范维度的企业劳资关系

一直以来，人才都被视为企业竞争优势的源泉，是企业在变幻莫测的商业环境下得以生存和发展的支撑性力量，而高昂的人员成本、较长的开发周期、巨额的资金投入等因素迫使很多企业在技术创新面前望而却步，转而将目光投向管理方面的双元创新。尽管技术革新减少了人员支出，但是劳动力成本依然在运营成本中占比较大，对于那些现代服务

企业劳资关系与双元创新能力：一个基于心理契约视角的案例研究

型企业和劳动密集型企业来说更是如此。为了减少员工开支，有些企业想方设法地克扣员工薪资、降低福利待遇，甚至还采用同工不同酬的薪资制度，这种看似减少人员开支的行为实则损害了组织利益。一方面，这一组织行为不仅严重损害了员工的工作积极性和组织承诺，而且所造成的影响是难以挽回的；另一方面，员工可能通过低水平的工作质量、迟到早退等消极怠工方式报复企业，这时企业的人员支出没有发生变化，而工作产出却大幅下降。可见，只有员工获得相对稳定的工作保障，他们才能在经济上和心理上获得安全感，也只有这样才能尽可能地让员工较长时间在一个企业工作，而不是一味追求高收入、高职位而频繁跳槽，降低企业人力资源投资的回报率和动力。因此，稳定的薪资体系、公平的奖惩制度、良好的福利、稳定的工作保障和条件保证既是组织应承担的基本责任即规范维度的组织责任，也是员工对组织的基本要求，更是提升员工自身可雇用能力的前提条件（凌玲，2013）。如果企业的发展是以损害员工利益为条件的，那么劳资关系必然处于较低水平。规范维度的组织责任是保障员工基本利益的屏障，降低了他们所承担的工作风险，增加了员工的组织承诺，更重要的是，劳动者也更愿意履行诸如加班工作、接受工作调整、对组织忠诚、保守商业秘密、维护组织利益、提前告知辞职等员工责任。

2. 基于人际维度的企业劳资关系

员工履行自身责任不仅受到报酬等规范维度的因素影响，还受到人际关系和发展机会的影响（章海鸥，2003）。以上下级沟通为例，劳资双方对心理契约认知的一致性程度越高，员工对组织的满意度越高（李宏贵、廖继江，2004）。因此，为了保障劳资双方都能够清晰认识到彼此所应承担的责任，就需要依赖高效的上下级沟通。上下级沟通是管理者传递其管理理念的重要途径，沟通水平的高低能够直接对组织氛围、信息沟通等人际维度的员工责任产生影响，进而对员工行为产生影响。这比其他沟通方式的影响力更加强大，所以高效的上下级沟通也被称为组织刚性"法治"管理的润滑剂（王永跃、段锦云，2014）。但也有研究认为，组织责任并不直接影响员工行为，而是通过员工对组织责任的感知来实现（Meyer、Smith，2000）。根据社会交换理论和互惠原则，如果员工感知到组织责任的不完全履行自然也不会主动承担其责任，于是就以迟到、早退等各种形式消极怠工，其实质是员工感知到心理契约的破裂后也采取"以彼之道还施彼身"的做法来减少工作投入，从而达到内心平衡。心理契约能够对工作氛围、组织文化和声誉造成影响，这就要求企业必须积极履行组织责任，以换取更高的员工履责主动性以及更多的组织公民行为。

3. 基于发展维度的企业劳资关系

由此可见，除规范维度和人际维度的组织责任外，企业是否在员工最关注的发展维度上提供了强有力的组织支持，也成为影响员工工作态度的前因变量。大量研究表明，成长机会是员工选择留在某个企业工作的主要原因之一，也是最具吸引力的原因（凌玲，2013）。随着劳动力市场的竞争逐渐激烈，"能力恐慌"使劳动者特别是知识型劳动者比以往任何时候都更加重视企业是否能提供持续性的学习、具有挑战性的工作、一定的工作自主权，又或是他们能否获得晋升机会等，企业在这些发展维度所能提供的组织支持决定了员工今后的工作机会和竞争力。

对于企业而言，劳动成本和雇佣稳定性始终处于此消彼长的对立位置，然而为了尽可能发挥员工的工作积极性和自主性，进而达成目标，企业不得不将组织承诺视作劳资关系管理的政策目标（章海鸥，2003）。目前，大多数企业都采用多种雇佣形式共存的雇佣模式，兼职工、劳务派遣、自我雇佣和转包等灵活雇佣形式带来了一系列的劳资关系问题，如灵活用工与正式用工的待遇差别引发的不公平对待、职业成长空间的缺失或减少以及工作不安全感的增加。从本质上来看，灵活用工就是将组织应该承担的责任转移给非正式员工和政府，组织责任的转移以员工自行支付或政府代缴社会保险、养老金、培训费用等为主要表现形式。因此，灵活雇佣的优劣势主要表现为：一是以劳务派遣为代表的灵活雇佣在降低了企业对员工的责任的同时，也帮助企业获得了快速适应环境变化的能力；二是由于企业不再承诺长期雇佣和内部发展，增加了员工的劳动力市场风险，进而打破了以内部劳动力市场为主导的劳资互惠关系（朱飞、熊新发，2012）。然而，组织与员工之间的互惠关系是取得信任的基础，是组织目标与员工个人目标融合的根本所在，更是员工及时捕捉顾客需求的关键。试问，如果员工难以从工作中获益，那又怎么要求他们全力投入工作呢？不难发现，不同的雇佣形式意味着不同的组织责任和员工责任，而且这种差异主要集中在发展维度。因此，在以内部劳动力市场为主导、多种雇佣形式并存的雇佣模式中，灵活用工的比例被严格限制，以此确保员工在发展维度的个人权益。如果组织不提供充分的培训以及公平的职业发展空间，那么员工在履行对组织的责任时也会有所保留，自然也难以转化为员工的倾情回报，企业的管理效率也会大打折扣。由此可见，组织通过晋升、学习培训等多种形式向员工传递组织责任在发展维度的落实，使他们体会到组织对他们个人的关注和关怀。为了维护自身利益和组织利益，有的员工会选择完成本职工作之外的工作、帮助组织出谋划策、维护组织形象、学习新技术、全身心投入工作或提供优质工作成果，还有员工会为了组织利益而牺牲个人利益。这种组织与员工的良性互动形成了良好的劳资关系氛围，为企业的创新活动提供了强有力的条件支持。

4. 企业劳资关系与双元创新能力

近年来，关于心理契约与组织层面的结果产出变量的探索取得了丰硕的成果。但是也有研究提出，企业劳资关系的早期研究过于关注组织的产出结果，而忽略了员工对组织责任的反应及其可能产生的影响（王震、孙健敏，2011）。刘军等（2007）在劳资关系的研究框架下，对初入职场的大学毕业生的心理契约发展与离职意向的关系进行了追踪研究，研究发现，对组织的高水平责任感会促使他们更积极地履行员工责任，而对组织的高期望则更容易让他们觉得组织履责不力并产生较高的离职意向。心理契约是劳资双方对彼此责任和义务交换关系的感知，其内隐性特征决定了劳资双方必然存在认知差异（李原、孙健敏，2006）。这也就解释了为什么目前大多数企业及其管理者并没有真正将员工视为组织创新的主体，或者企业创新活动并不完全依赖于劳方，其根本原因在于，劳资双方对于心理契约中的组织责任和员工责任有着认知差异。这也是即使资方或管理者在制定、实施管理制度和激励措施时认为组织已经为员工承担了很多责任，但是员工却并不"买账"的真正原因。也就是说，企业的组织责任需要随着员工的心理契约的关注点而发生转变，从而向员工清晰传达员工责任以及组织文化。例如，组织应该向员工提供持续性的学习等多种形式的组织支持，并通过一系列的管理制度规范、强化员工行为（朱飞、熊新发，2012），从而不断实现劳资双方的理念融合。与此同时，这些组织支持也使员工的自我价值实现与企业利益之间的关系变得更加紧密，从而增强了员工对组织及其工作投入的倾向性。由此可见，心理契约可以帮助员工与企业在动态环境下依然能够保持良性互动关系，提升员工的自主能动性有助于实现更高的工作效率，为组织创新提供源源不竭的动力（张淑敏，2011）。

伴随着研究的不断深入，利用社会交换理论和互惠原则，旨在借助组织承诺这一关键变量推动组织目标的实现，已经成为探索劳资关系与工作效率和创新之间的关系的主流研究思想（聂林、杨蕙馨，2014）。例如，王震和孙健敏（2011）利用跨层次分析法探索了人力资源管理实践与员工态度间的关联，研究得出，人力资源管理实践对员工的情感承诺和组织认同都有显著作用，而员工感知到的组织支持在其中起完全中介作用。该结论与王永跃和段锦云（2014）的研究结论相一致，同时也表明员工往往会根据对组织责任履行情况的评价履行对等的员工责任。简言之，员工的工作投入程度不仅取决于组织责任的履行情况，而且还取决于员工对组织责任履行程度的感知。而高度的组织责任履行有助于激发员工的积极工作行为，使资方—劳方的互动关系向更高水平迈进，这种良性互动关系更容易转变为组织的创新能力。宋亚非等（2014）根据对一线劳动者的调查分析提出，组织承诺与员工创新行为正相关，其中情感与规范承诺与个人的创新行为之间的正相关关系最显著。由此可见，企业积极承担组织责任、提升员工的可雇用能力对劳资双方而言是"双赢"的。具体来说，员工可以享有企业提供的规范、人际和发展维度的组织支持，而组织也能够通过这些支持增强员工的组织承诺，从而使员工履行更多责任并产生较强的组织公民行为意愿，其结果就是他们在工作中主动寻求创新，激发更多的企业双元创新行为。

综上所述，如果企业及其管理者希望员工表现出更高的创新水平，那么企业首先应该主动承担起组织责任并让员工切身感受到组织责任的履行情况，与员工建立一种高质量的交换关系促进员工责任的履行，从而使组织与员工之间形成良性的劳资关系，从而通过提高企业的双元创新管理能力实现组织目标。通过对既有文献进行回顾和梳理，不难发现，"组织支持—组织承诺—组织公民行为"已经发展为企业劳资关系领域的

企业劳资关系与双元创新能力：一个基于心理契约视角的案例研究

主流研究范式。因此，本书借鉴这一研究思想，从心理契约视角出发探索企业劳资关系与双元创新能力之间的关系及其影响路径，如图6.1所示。

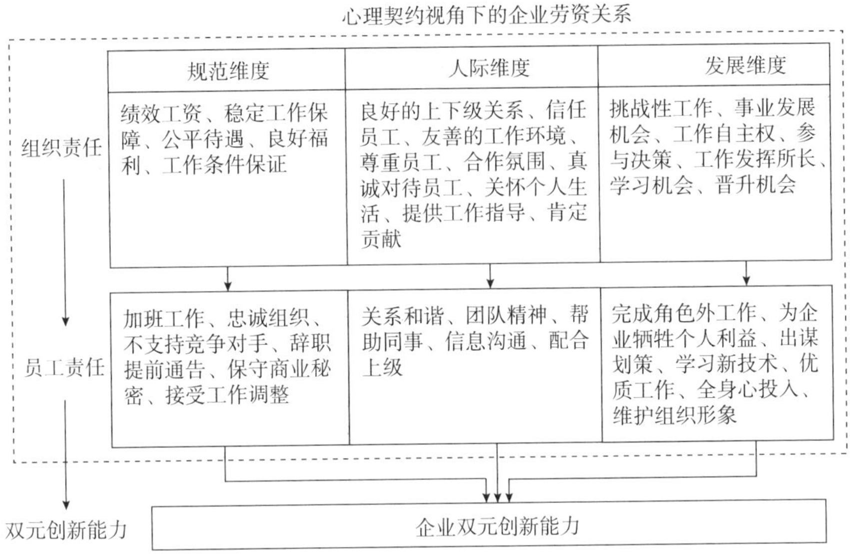

心理契约视角下的企业劳资关系

| | 规范维度 | 人际维度 | 发展维度 |
|---|---|---|---|
| 组织责任 | 绩效工资、稳定工作保障、公平待遇、良好福利、工作条件保证 | 良好的上下级关系、信任员工、友善的工作环境、尊重员工、合作氛围、真诚对待员工、关怀个人生活、提供工作指导、肯定贡献 | 挑战性工作、事业发展机会、工作自主权、参与决策、工作发挥所长、学习机会、晋升机会 |
| 员工责任 | 加班工作、忠诚组织、不支持竞争对手、辞职提前通告、保守商业秘密、接受工作调整 | 关系和谐、团队精神、帮助同事、信息沟通、配合上级 | 完成角色外工作、为企业牺牲个人利益、出谋划策、学习新技术、优质工作、全身心投入、维护组织形象 |

双元创新能力

| 企业双元创新能力 |
|---|

**图6.1　基于心理契约视角的企业劳资关系与双元创新能力**

资料来源：根据既有文献梳理而成。

# 第三节　研究设计

国内对于劳资关系在心理契约框架下的研究仍以心理契约的结构探索、综述性介绍、变量间的简单实证研究为主（朱晓妹、王重鸣，2005），而对于动态发展条件下心理契约的案例研究不多。虽然近年来也涌现出一些采用时间序列法的最新研究，但是大多数既有研究还是以截面数据为主（王永跃、段锦云，2014），难以深刻揭示企业劳资关系与组织创新的具体影响路径。通过上述文献回顾可知，基于心理契约视角的劳资关系研究可以概括为心理契约履行情况与其发展结果之间的关系及其路径研究，心理契约的履行状况主要通过离职意向、工作满意度、组织承诺等态度变量对创新绩效等体现结果的变量产生影响。

刘军等（2007）则认为，态度变量与结果变量之间不一定存在必然关系。由此可见，态度变量与结果变量之间进行量化研究的严谨性还有待商榷，这一研究见解也为本书采取案例研究方法提供了理论依据。

目前，我国学者在研究本国企业的创新理论时多采用案例研究方法，主要出于以下两点原因：第一，该方法可以满足对发展创新理论内涵及外延的要求。国内关于双元创新的探索起步晚于国外，而且基于文化差异的企业创新路径也有不同之处。所以，我国对企业创新的探索还处于归纳、演绎阶段，尚未形成系统的理论支撑。尽管近几年来涌现出了很多关于构建双元创新能力机制的深刻研究，但是以揭示创始人或最高管理者（资方）对企业双元创新的影响为主，而对于企业特别是以员工为创新主体所迸发出来的双元创新能力的研究较少。因此，采用该方法可以丰富企业双元创新理论。第二，可以解释已有研究或理论中的悖论。虽然双元创新可以增加企业产出、实现企业目标的观点已经被论证，但是在这一活动中必然有着不易解决的冲突，从而增大了管理难度。而双元创新悖论一直都是学术界试图攻克的难点之一，所以采用案例研究法有助于揭示悖论的症结所在及其可能存在的应对策略。

本章采用单案例研究法，遵循其要求，选取我国富有代表性的、发展进程明确的、有完整资料的四川海底捞餐饮股份有限公司（以下简称海底捞）为研究样本，通过企业心理契约的履行情况，探讨海底捞的劳资关系给企业双元创新能力带来的影响。为确保数据真实有效，本书遵循证据三角形原则，由三位人员分别从三种渠道来获取数据。这三种渠道为：权威和核心期刊文献；样本企业的官方网站和官方自媒体平台；相关的、正规的新闻媒体访谈和报道资料。为确保研究数据的可靠性和有效性，三位人员互相交换前期所寻找到的资料，以避免主观偏差影响研究结果。然后，每人按照时间顺序各自整理公司组织责任和员工责任的履行情况。接着，三位研究人员互相对比整理结果并对存在意见分歧的地方进行讨论，如经讨论后也未能达成共识就由两位研究人员在撰文之前讨论决定，最终确定了海底捞的组织责任和员工责任。根据心理契约的理论内涵，三位研究人员将整理出来的组织履责行为和员工履责行为划分到规范、人际和发展中的某一维度上，如表6.1所示。

表 6.1　海底捞在各发展阶段的企业劳资关系变化：劳资双方的履责情况概述

| 发展阶段 | 履责情况<br>典型事件 | 规范维度 | | 人际维度 | | 发展维度 | |
|---|---|---|---|---|---|---|---|
| | | 组织责任 | 员工责任 | 组织责任 | 员工责任 | 组织责任 | 员工责任 |
| 生存阶段：让海底捞活下来 | 改善用餐环境<br>定制员工工服<br>帮杨晓晓丽还债<br>授权杨晓晓丽掌管分店<br>给准备辞职的员工买年货 | 工作条件保证<br>良好福利 | 忠诚组织<br>不支持竞争对手 | 良好上下级关系<br>信任员工<br>关怀个人生活<br>尊重员工<br>真诚对待员工 | 关系和谐<br>团队精神<br>配合上级 | 挑战性工作<br>事业发展机会<br>工作自主权 | 完成角色外工作<br>牺牲个人利益<br>出谋划策<br>优质工作<br>全身心投入<br>维护组织形象 |
| 规范管理阶段：让海底捞健康成长 | 新店开张需 30% 老员工压阵<br>确立与员工目标一致的企业目标<br>确立"师徒制"培养员工<br>设计职业发展规划及实现路径，坚持内部晋升<br>把员工满意度纳入店长考核体系<br>采用计件工资制，公平竞争<br>为员工孩子创办寄宿学校<br>为员工及其家人设立专项医疗基金<br>把一部分员工奖金寄给其父母<br>以城市生活技能为首要培训内容<br>提供舒适便的宿舍完善的后勤保障 | 稳定工作保障<br>绩效工资<br>公平待遇<br>良好福利 | 忠诚组织<br>不支持竞争对手<br>接受工作调整 | 友善工作环境<br>尊重员工<br>信任员工<br>真诚对待员工<br>关怀个人生活<br>提供工作指导<br>肯定贡献 | 关系和谐<br>帮助同事<br>配合上级 | 学习机会<br>晋升机会<br>事业发展机会 | 完成角色外工作<br>牺牲个人利益<br>优质工作<br>全身心投入<br>维护组织形象 |

续表

| 发展阶段 | 典型事件 | 规范维度 | | 人际维度 | | 发展维度 | |
|---|---|---|---|---|---|---|---|
| | | 组织责任 | 员工责任 | 组织责任 | 员工责任 | 组织责任 | 员工责任 |
| 精细化管理阶段：让海底捞全面成长 | 将创造充满激情的工作环境作为高级管理目标，减轻员工负担<br>引入新技术、规范工作流程<br>对员工按级充分授权<br>引进末位淘汰制、公平竞争<br>调整店长薪酬体系、全权掌管分店并提供晋升渠道<br>鼓励员工建立自己的社交网络<br>鼓励创新、允许犯错、提供成长平台 | 稳定工作保障<br>绩效工资<br>公平待遇<br>良好福利<br>工作条件保证 | 加班工作<br>忠诚组织<br>不支持竞争对手<br>接受工作调整 | 友善工作环境<br>信任员工<br>尊重员工<br>友善工作环境<br>提供工作指导<br>关怀个人生活 | 关系和谐<br>团队精神<br>信息沟通<br>配合上级 | 挑战性工作<br>事业发展机会<br>工作自主权<br>参与决策<br>晋升机会 | 完成角色外工作<br>出谋划策<br>优质工作<br>全身心投入<br>维护组织形象 |
| 管理整合阶段：建立商业生态系统 | 创办大学以供员工培训<br>提倡成立自发性学习组织并给予经费支持<br>组织结构扁平化变革：新增教练组<br>调整店长职业发展路径：拓店或咨询<br>革新信息化系统，提供高效工作的条件支持<br>拆分底料业务，形成商业生态圈<br>鼓励创新，给予资金奖励和授名权<br>不断改善宿舍生活条件 | 稳定工作保障<br>绩效工资<br>公平待遇<br>良好福利<br>工作条件保证 | 加班工作<br>忠诚组织<br>保守商业秘密<br>不支持竞争对手<br>接受工作调整 | 友善工作氛围<br>合作氛围<br>信任员工<br>真诚对待员工<br>关怀个人生活<br>提供工作指导<br>肯定贡献 | 关系和谐<br>帮助同事<br>信息沟通<br>配合上级 | 学习机会<br>事业发展机会<br>晋升机会<br>工作发挥所长<br>挑战性工作<br>工作自主权 | 完成角色外工作<br>出谋划策<br>学习新技术<br>优质工作<br>全身心投入<br>维护组织形象 |

资料来源：笔者根据海底捞发展过程中的典型事件整理而成。

# 第四节　案例描述

四川海底捞餐饮股份有限公司是一家主营火锅的餐饮企业。但如今海底捞在其创始人兼董事长张勇先生的带领下已经成为一家以火锅为主要业务，以供应链、咨询等服务为支持业务的多元化创新企业。自1994年创办以来，"海底捞人"用二十多年时间将企业打造成中国餐饮业及服务业的创新标杆。到底是怎么建立起这样一个很难模仿的海底捞？如果说，我们无法模仿海底捞，那么是否可以从海底捞的劳资关系管理中窥探到为何海底捞员工能够迸发出源源不断的创新活力呢？本章集中关注劳资关系对双元创新能力产生的影响，并根据企业重大创新节点将海底捞的发展历程划分为四个阶段。

## 一、生存阶段（1994~1999年）：让海底捞活下来

1994年3月20日，由张勇夫妇和施永宏夫妇共同集资8000元开办的四川简阳海底捞火锅店正式开业。一开始，四位创业者几乎每天都会在打烊后进行讨论，对最近遇到的管理问题进行总结分析，想办法解决或避免，最后由张勇作出总结，定好下一步工作计划，这就是海底捞初期的管理制度。其实，在海底捞之前张勇还开过一家小辣椒麻辣烫馆，虽然经营不善倒闭了，但是这一次创业经历却让他明白"底料是决定火锅味道的首要因素，而服务是影响顾客味觉的关键因素"。因此，海底捞在成立初期就有意识地从味道和服务两方面进行创新。为此他翻阅过各种各样与火锅口味相关的书籍，为比较不同火锅底料的口感差异，他亲自动手炒料，并不断尝试新的制作方法甚至想到在火锅中加入高汤。此外，创业团队还对就餐形式和用餐环境进行创新，例如，他推出客人可以用小火锅自己煮麻辣烫的服务模式，把火锅店开在二楼；为了让顾客有良好的用餐环境，他们积极改造餐馆，在单调的墙上贴瓷砖；为了

让顾客有良好的视觉享受，他们比照航空公司空乘人员的工作服定制工服；还有帮助顾客擦鞋、拎包、买辣椒酱、带孩子等服务，这些行为在当时可算得上是火锅业的创举。

1996年，急需摆脱负债的杨晓丽应聘到此。临近过年，杨晓丽的母亲想要她带回800元以偿还部分债务，张勇了解她的困难后主动走公司账务交给她800元以摆脱困境。本以为自己的年终奖将用来抵销这800元，但让她没想到的是，张勇却交代这笔钱由公司负责，也正是由于张勇的好心帮助为公司赢得了一位"得力干将"。1999年，公司的第一家跨省分店开业，创业团队任命21岁的杨晓丽担当店长管理该店。面对股东撤股的惨淡经营状况，杨晓丽发现虽然店里生意不好，但是顾客的回头率很高，主要症结在于缺乏宣传，更准确地说是苦于没钱做宣传。于是，她发挥海底捞员工多的优势，发动大家身背横幅到大街、超市等人多的地方给人们免费发放豆浆和早点并顺带进行宣传。杨晓丽提出的身背广告横幅宣传海底捞的方法取得了很好的效果，帮助海底捞打开了西安市场。在西安店装修期间，张勇自己着手画图纸，在他正寻思着哪儿摆几张桌子、摆多大桌子合适、厨房和卫生间分别安排在哪儿的时候，一位老阿姨走过来告诉他：女同志比男同志麻烦一些，所以女卫生间应该比男卫生间大一些。张勇观察后发现，人流多的女厕常常需要排队是众多女性顾客都会遇到的一个问题，这位老阿姨秉持务实的工作态度，三言两语便提出很多设计师都会忽略的问题，切切实实解决女性顾客的尴尬。有一年春节，几位员工在一块交流，张勇想他们可能是节后不想来工作了，就送给他们一堆年货，可能是出于感激，这些员工节后又回来继续工作了。

## 二、规范管理阶段（2000~2005年）：让海底捞健康成长

为保护品牌，创业团队始终坚持让海底捞走直营模式，所以海底捞在全国乃至世界开自己的分店，而不采取加盟的方式。当杨晓丽管理的分店开始正常运营后，创业团队主导者张勇有了将公司开遍中国的梦想，继而于2002年在西安和郑州创建了两家分店。到2005年，北京等

## 企业劳资关系与双元创新能力：一个基于心理契约视角的案例研究

一线城市已有了分店。为使服务质量和产品口味不变，公司坚持新开的门店需要有30%的老员工，可见创业团队为公司选择了一条平稳发展的道路。2004年，从国外考察归来的张勇发现，国内餐饮市场竞争的激烈程度正在不断加剧，而且伴随着生活水平的提高顾客的饮食服务需求也在悄然转变，海底捞必须尽快建立起自身的核心竞争力以面对今后更加严峻的竞争环境。以张勇为主导的管理团队提出，海底捞不仅要提升火锅口味，还要从顾客服务上着手打造企业的核心竞争力，但首要的是创建与之相符的企业文化。同年，公司确立三大企业目标："一是创造一个公平公正的工作环境；二是致力于使双手改变命运成为现实；三是将海底捞开到全国。"为了将这三大企业目标渗透到所有组织成员的日常行为中，创业团队与各层级员工共同设计了一套人性化的管理体系。在人力资源管理体系构建上，海底捞从聘用、培养、任用和维系四方面构建海底捞的核心竞争力；在员工选择和培养上，公司一直沿用"师徒制"，它的主要特点就是师父无条件地对徒弟的个人行为终身负责。张勇曾说，公司部分员工没有自己的目标，所以他想要为他们制定适合自己的职业生涯规划来确定未来方向，为此公司为每人都制定了发展路径。更值得一提的是，为了让员工的职业发展路径与公司的价值观相符，公司除财务部门不会从公司外聘用管理人员，也不能有"空降兵"外，公司的每一位高层都是从底层逐步晋升上来的。在用人、留人方面，创业团队信奉利润是顾客和员工满意的成果。只要客户高兴了，利润就会产生。所以公司不以考核利润为主，而是从反映长期利润的员工满意度、顾客满意度和干部培养三方面考核店长。员工则依据工作数量来进行考核，即工作做得好的工作机会就多，收益也越多。公司据此来选择业绩优秀、品德高尚、与企业文化相符的人，并逐步培养提升到更高职位。

张勇认为，如果老板帮助员工解决生活中的小事，那么员工则会用心办好企业的大事。2001年，公司在最先创建的门店所在地四川简阳设立了一所寄宿学校，让在此地留守的员工子女可以接受免费教育，这解决了员工最挂心的下一代教育问题；公司还设有基金，会拨款给患有重病的员工及其家属，确保他们能够更好地接受治疗；公司每月会把表现极佳的管理人员和员工的一部分奖金发放到他们家中，让家人体会到其中的辛劳和成果，维系家人感情。如果老板希望员工以公司为家，那么首先需要把员工视为亲人对待。为此，公司把了解交通规则、使用公共设施等一些必需的技能作为新员工入职首要的培训内容，并提供正式住宅小区作为员工宿舍，尽管宿舍面积不大，但电视、电话等家用设备一应俱全，而且员工从小区到门店的步行时间不超过20分钟，公司雇用专门的保洁和物业公司分别负责员工的伙食以及衣物和床单的清洗工作。虽然这些员工福利十分细微，但却让员工真切感受到了来自老板和公司的关怀。

毫无疑问，杨晓丽是海底捞的第一批员工中的优秀代表，为海底捞走出四川立下了汗马功劳，而袁华强和林忆正是基于师徒制这一人才复制模式的第二批优秀员工代表。2002年3月，袁华强被任命为海底捞简阳总店店长，当时他所面对的是店内经营状况较差、员工干劲儿不足、客流匮乏、知名度低等一系列问题。这个有闯劲、不服输的小伙子很多天都去同行店门口数客人，甚至带着店里的厨师长去人家店里吃饭，其实是趁机学习新菜品。为了进一步吸引顾客，袁华强绞尽脑汁并推出了免费试吃新菜品、帮助顾客做家政等若干创新活动，从而帮助海底捞总店转危为安。2003年，正值"非典"时期，餐饮行业门庭冷落，看到门店的营业额大幅下降，时任西安店总负责人的杨晓丽开始思考应对方法。既然有外送盒饭和洋快餐的，那么火锅也可以外送；既然顾客不愿意在人多的地方就餐，那我们就主动送上门。于是，杨晓丽在报纸上刊登了进行外卖服务的广告，很快就有消费者来电订餐，《焦点访谈》栏目还对这一创新进行了特别报道，火锅外卖的服务创新帮助海底捞摆脱了当时的尴尬境地，也为顾客就餐带来了极大的方便。在海底捞创新不分大小，渗透在员工工作、生活的各个角落。在西安分店清洁工张绍群的心里，海底捞就是他们的家，家要兴旺，就要求大家既会赚钱又会省钱，所以她在看似微不足道的清洁岗位上一直摸索，不停创新并且常常和大家分享自己的工作方法。例如，把几个破旧的拖把捆到一起比新的拖把更好用，擦得地面更亮堂；不用的工作服可以制作为拖把，比买来的好用，诸如此类的清洁技巧不胜枚举。海底捞提倡基层员工进行创新并将其融入组织管理的制度层面，他们的每一项创新提议都要及时记录，并尽快报送高层定夺。正是基于如此高效的组织支持，公司基层员工积极思考、不断摸索，根据自身工作经验发明了"虾滑、鱼滑"的制作模具、豆花架、功能强大的豆花切割机以及方便上菜的万能架等，当然也是基层员工提议将小孩使用的隔热碗、等位区安装插座、茶歇区备置鞋胶、洗漱处准备一次性刷具等引入海底捞。

## 三、精细化管理阶段（2006~2009 年）：让海底捞全面成长

2006 年，海底捞迅速向全国扩张。与此相配套的是，同年海底捞引入金蝶软件系统实现对各门店及库存的动态盘点，从而帮助海底捞形成了"报送需求、集中采购、统一配送"的规范化采购模式；为保障食材的有序供应和安全供应，负责底料和各种调味料的成都西河生产基地开始投入生产，同时结合从农户手中收购与自建种植基地的双重采购方式保障蔬菜供应。2007 年，蜀海公司的成立有效弥补了供应体系的短缺，而且还将菜品清洗工作调整到了配送前端，这意味着物流配送中心可以提前完成清洗工艺，同时还减少了门店后台的操作流程，为后期设立蔬菜安全可追溯监察机制提供了有力支持。

2007 年，正值公司名声鼎盛之时，董事长张勇察觉合伙人施永宏不能带领公司走向更高的发展阶段，就收回了其 18% 的股份并与之解除聘用关系。虽然董事长张勇的做法引起了争论，但他更担心公司未来的发展。他曾说，他最欣赏的两家餐饮企业是麦当劳和王品台塑牛排，前者只努力打造一个品牌并靠其成为世界 500 强，后者则为员工营造独特的工作环境来提高他们的满意度。因此，海底捞努力学习两者的优点——建设知名品牌并营造良好工作氛围。这也可以解释为什么海底捞一直秉持"员工不是用来管的，而是用来尊重的"理念，而对他们最好的尊重就是信任。该公司在管理上实行放权，每个员工都有各自的权力，中高层管理者根据职权大小有各自可以支配的现金权限，而对于基层员工而言，他们有打折、免单等权力。为增加各店的管理效率和盈利水平，促使店长努力奋斗，2007 年管理层决定开始实施末位淘汰

制。具体指，每家分店按照等级分为 A、B、C 三等，A 级分店店长拥有开拓新店的资格，而连续保持在 C 级的分店店长将被淘汰。为此，海底捞还专门为店长重新设计了一套薪酬体系，店长的工资由基本薪资和奖金两部分组成，奖金直接和分店业绩挂钩而且随岗龄而增加，此外他们还拥有分店的经营权、人事权和财务权，甚至还可以晋升到更高职位。

当时还在任袁华强助理的杨顺军在日记中对海底捞的服务模式进行了深刻思考，他写道："应该从以下两方面着手建立让其他企业无法效仿的竞争优势：一是提升'家'文化，将海底捞的亲情、激情通过服务延伸到顾客，让顾客体会到如家般的温暖；二是举办富有内涵、具有乐趣的活动，向员工和顾客传递饮食文化。"可见，大区经理助理都会认真审视海底捞的发展并提出可行性较高的解决对策，更何况那些中高层管理者。不难发现，海底捞的经营举措与杨顺军所提建议基本一致，即服务延伸和文化传递。从服务延伸层面来看，公司鼓励员工创新，同时也允许他们犯错，主要是为了帮助他们成长，从而将差异化服务、感动服务贯彻到底。一位名叫包丹的员工发现，顾客在火锅就餐过程中手机很容易被溅湿，所以她提出使用可密封的塑料袋解决这一尴尬，大家讨论后觉得这种方法可行便在全国范围内推广实施。这一广为流传的创新举措以包丹的名字而命名，而且她还能收到采纳创意的各个门店所交纳的费用，这不但表示出对员工贡献的肯定，更展示了公司对他们的尊重。这就是为什么继"包丹袋"后，公司接连推出了一系列备受称赞的独特服务，如在等位区提供免费茶水和小食品、为女士美甲、帮男士擦鞋，落座后送上发绳、围裙、包丹袋、热毛巾、眼镜布，在卫生间摆放护手霜、一次性牙具，等等，而这些最能够打动顾客的服务创意都出自基层员工。海底捞的组织支持以细致入微的个人关怀和高度匹配的职业能力提升为主，这不仅带来了上述一系列服务细节方面的创新，更带动了海底捞的顾客延伸服务。2009 年，一位顾客反映就餐大厅太吵，接打电话很不方便，于是员工立即向经理反馈这一情况，经理很快便将"电话亭"搬进海底捞，如此一来顾客可以免费拨打电话。这一创新举措不仅及时对顾客、员工的反馈做出了响应，而且还有效地解决了顾客

企业劳资关系与双元创新能力：一个基于心理契约视角的案例研究

在就餐过程中遇到的通话难题，有效增强了海底捞差异化服务的创新活力。在精细化管理阶段，诸如此类的来自员工的服务创新数不胜数，如上海店员工姚晓曼特意嘱咐厨房将原本每份 8 个的撒尿牛肉丸增添至与就餐人数相等的数量；上海店员工张耀兰细心观察到顾客喜欢吃萝卜丝，随即便请上菜房准备萝卜丝并亲自拌好送给顾客；北京大慧寺店前厅员工凯子创造出一套极具新意的服务方法——魔术表演，后来杨顺军特意为凯子请了魔术老师并让他带领几名员工组成一个服务突击队，这种方法无论是在顾客过生日还是遇到顾客不开心时都适用且效果喜人；又如西安店员工李巧玲曾遇到一位顾客在得知第二天的包厢已被订满的情况下大发雷霆，她一直耐心解释并呈上有自己姓名和电话号码的名片，顾客却将名片扔到地上，她捡起来又跟着顾客到马路上直到顾客收下她的名片，当时这位顾客说他不会再来，结果第二天这位顾客就来了并委婉地表达了对她的赞赏。海底捞为什么难以复制，或许就是因为海底捞一众员工持续的、不断的创新思考，这就是张勇口中所谓的"雇用员工的大脑"，而不仅仅是双手。从文化传递的活动实践来看，海底捞特别注重向员工和顾客传递"饮食"文化和企业文化。为了营造积极向上的工作氛围、激发员工的工作热情，海底捞各区、各分店常常开展形式多样的技能竞赛，如厨艺比拼大赛、切羊肉比赛等，而海底捞的现场抻面表演就源自内部的一场技术比赛，而且还是那场比赛中的一等奖。由于抻面表演是将抻面和舞蹈结合在一起的，具有很强的观赏性，所以活动结束后便被开发为海底捞的特色服务"奥运捞面舞"。与此同时，公司还举办演讲比赛、篮球比赛等丰富多样的业余活动，开展各种评比活动，通过这些活动激发员工的创新思维和热情。只有为员工提供更广阔的天地，才能让他们创造出更多惊喜，这正是海底捞的创新精髓所在。

由此可见，海底捞的很多创新举措最初并不是源于组织层面的系统考察，而是员工置身于顾客角度的个人创意。例如，等位区域的免费水果、点心就是杨晓丽在一次乘坐飞机时收到乘务员送食品和小纪念品的启发而来的，这种超值服务很好地分散了人们在等待时的注意力，给人耳目一新的感觉，同时也帮助海底捞开启了一系列等位区域的服务创新。

## 四、管理整合阶段（2010年至今）：建立海底捞的商业生态系统

这一时期，海底捞设计了一套实践性较强的管理体系，但是也产生了一些管理问题。一些门店把员工对顾客的额外服务作为考察依据，像更换毛巾等服务，这很容易让员工过度服务，从而给顾客带来不适感。管理层了解到，一味加强流程制度会让人变得呆板，使得教育程度不高的员工不能为顾客提供适当的服务。因此，公司计划通过开办大学来培训员工。2010年6月，海底捞大学正式创立。为了增强员工的职业素养，营造组织学习氛围，公司设立了分别针对各级员工的自发性学习组织，各级管理者由组长负责，多是学习各类专业知识；基层员工由各店店长组织，但公司会以资金的方式予以支持，学习形式多样，有辩论赛、授课等。当看到有员工操着流利的英语为外国外友人提供服务时，有人提议通过举行英语竞赛的方式培养大家的英语学习兴趣，从而让大家在工作中能够发挥所长、获得乐趣，使工作变得更有价值，而且这一提议很快就得到了响应和落实。在这一年，公司还请IBM咨询公司共同讨论设立了标准管理体系。其实，此时公司不仅拥有独具特色的、量身定制的管理方式，而且其组织结构也不同于寻常餐饮公司的"金字塔"科层结构。就是说，虽然公司的管理体制总体上表现为"以大管小"，可是第二、第三级则不是按地域原则管理，所以常会出现天津分店归属于郑州大区管理的情况。这是由于"师徒制"与"金字塔"科层结构的对接形成了一种特殊的管理体制，即徒弟之后管理的店面必定是在其师父的管辖区域内。这种管理模式的好处是师父可以帮助徒弟进步，但弊端也有很多。一是具有管理权的师父容易干涉徒弟进行管理，进而限制了徒弟成长，很可能使其不能成为公司所需的人才；二是各个师门有自己独特的个性，所以顾客在同一地域的用餐体验可能存在差别，影响统一品牌形象的建设。为此，公司从2010年逐步实行组织结构扁平化，撤销了各区经理岗位。为了确保员工的升职和工资不受影响，公司为店长设计了两种不同以往的职业发展路径。如果员工有能力

就凭借自己的本事去开店，如果适合管理则可以成为教练组的一员来咨询管理各店。如此一来，不仅明显弱化了"金字塔"科层组织结构的弊端，还分化出了更加专业的咨询管理团队。

2012年，海底捞开始改善信息化系统，主要包括改善门店信息化系统实现从订餐、点餐、餐中业务管理到客户资料收集、共享和管理等环节信息的一体化和智能化。此外，海底捞还开发了移动客户端，以便顾客使用，同时对点餐方式进行创新，出现了iPad点餐、微信支付并开发出Hi农场游戏等。2013年，海底捞单独设立了颐海公司开展底料业务，之后该公司的扩张速度增加了近两倍。就在外界对海底捞的战略布局产生种种猜测之时，2016年海底捞借助颐海公司实现了成功上市的目标。2015年，借助由海底捞人力资源部门孵化出的微海咨询，海底捞开始对中小餐饮企业提供招聘、培训和咨询服务，同年旗下的游戏业务海海科技公司也正式成立。至此，海底捞形成了以火锅业务为核心，以冒菜优鼎优和外卖Hi捞送为辅，以底料颐海、供应链蜀海、咨询微海、游戏海海科技为支持性业务的商业生态系统架构。与此同时，在七个大型物流配送基地和两个底料生产基地的支持下，公司的物流供应体系已经实现了"规模化采购、机械化生产、标准化仓储、现代化配送"。

在海底捞，创新无大小。公司鼓励员工提出自己的创意，由专门机构进行审核后会大力支持他们进行试验，一旦试验成功并被采纳，则会有200~2000元的奖励，同时还可以由本人对其进行命名。不仅如此，在董事长的工作间里还有着被称为"红黄蓝创意排行榜"的创新榜单，这就是公司创新思想的集结地。其实，很多人不知道海底捞开展线上外卖服务的创意就源于员工。2010年，董事长张勇无意间了解到了网络销售的优势，就随口说给了北京门店的员工，建议他们做一些网上销售的尝试，没过多久北京门店员工就创造出了一种全新的服务形式——线上火锅外卖，这一创新举措不仅节省了顾客到店等位时间，而且还可以享受到在家吃火锅的便利以及专业服务所带来的舒适就餐体验。即使在高速发展时期，公司也仍然十分注重员工生活，为了让员工能有加倍温暖舒心的生活体验，公司还为员工宿舍配备了

Wi-Fi 等各种设备。

公司的创新不仅体现在面向顾客的服务上，而且还体现在工作流程上。西单店店长陈群兰发现，等位区域的顾客特别多，每一桌顾客都需要叫号人员的安排和协调，有些着急的顾客还会一遍遍催问自己的排号进度，一天下来负责叫号的员工嗓子都沙哑了，不仅降低了与顾客的沟通效率，而且有害身体健康。因此，他们在门口放了一块磁性白板，按照桌子大小和区域进行划分，把各个号码排列在白板上，等位的顾客可以一目了然地看到自己的排号进度，此举既可以避免因沟通不畅带来的不愉快，同时还节省了叫号人员的精力。可见，海底捞的员工创新从未停止。在白板叫号方式实施不久，就有员工向陈群兰提议，在快到座位的前三个号码的顾客处摆放一盆小花，一方面可以给顾客一个愉快的心理暗示，另一方面还可以帮助领位人员快速找到顾客。陈群兰及其下属推出的白板叫号很快就得到了肯定并开始全面推广，其实这种叫号方式就是目前各大餐厅电子叫号系统的前身，可见海底捞员工所迸发出来的创新力量之大很可能会革新整个行业的工作方式。与此同时，面对门庭若市、一桌难求的火爆场面，不只是张勇一个人意识到了海底捞所面临的发展瓶颈，也不只是他一个人在寻求企业的发展出路，很多员工也都感受到了海底捞出现的一些管理问题并提出各种对策。袁华强早在2009 年就察觉到，海底捞要走上更高的发展阶段就要在味道、价格、地理位置、服务和环境五方面齐抓共管，但海底捞的就餐环境却没有紧跟潮流，各连锁店配备的餐饮用具显得有些落伍，店面装修也都一模一样。因此，袁华强提出，海底捞要在未来五年内完成餐饮用具的更新换代，改变百店一面的装修风格。步入精细化管理阶段，海底捞根据袁华强提出的战略建议逐步开始品牌升级和店铺终端升级，以吸引更多的顾客特别是年轻顾客的青睐。2017 年，海底捞聘用专业设计公司对西安印象城店进行了全面升级，店内装修具有强烈的时尚创新气息，颠覆了顾客对传统川式火锅的固有印象，同时也为海底捞的品牌发展打下了良好基础。

# 第五节　案例讨论

　　很多人都好奇海底捞员工的笑容和激情是怎么培训出来的，海底捞副总经理袁华强这样回应道："无法培训，只需要提供他们想要的。"回顾"海底捞人"展现出来的源源不断的创新力，笔者发现，海底捞正是履行了高于员工期望的组织责任才换来员工主动承担自身责任，进而提升企业的双元创新能力。遵循"组织支持—组织承诺—组织公民行为"的研究范式，本书从心理契约视角出发，通过对海底捞及其员工的责任履行情况和双元创新进行梳理和提炼，从而总结出企业的劳资关系对双元创新能力的影响路径为"组织责任—员工责任—企业双元创新"。

## 一、生存阶段的企业劳资关系与双元创新能力

　　通过对研究案例进行回顾，本书梳理出规范维度的海底捞劳资关系与企业双元创新能力之间的关系，如表6.2所示。在生存阶段，海底捞凭借改善用餐环境、定制员工工服、帮助杨晓丽还债、授权杨晓丽掌管分店、给准备辞职的员工买年货等组织支持行为为其打开了市场。这一阶段海底捞在规范维度的组织责任更多体现为工作条件保证和良好待遇，而这两项基本的组织责任换来了员工忠诚以及不支持竞争对手这两个基本的员工履责行为。在人际维度的组织责任主要表现为，以创始人张勇为主的资方与员工建立了良好的上下级关系，而且张勇信任他们、关心他们、尊重并真诚对待他们；与此相对应，当时的组织结构和人员构成较为简单，关系和谐且具有很好的团队协作精神，也积极配合上级开展各项工作。从发展维度来看，张勇授权杨晓丽全权管理门店这一管理行为表明，海底捞为员工提供了极具挑战性的工作、事业发展机会和工作自主权，所以员工也能够完成角色外工作、维护组织形象、全身心

表 6.2　海底捞在各发展阶段的企业劳资关系变化与双元创新能力

| 发展阶段 \ 履责情况 | 规范维度 | | 人际维度 | | 发展维度 | | 企业双元创新能力 |
|---|---|---|---|---|---|---|---|
| | 组织责任 | 员工责任 | 组织责任 | 员工责任 | 组织责任 | 员工责任 | |
| 生存阶段：让海底捞活下来 | 工作条件保证 良好福利 | 忠诚组织 不支持竞争对手 | 良好上下级关系 信任员工 关怀个人生活 尊重员工 真诚对待员工 | 关系和谐 团队精神 配合上级 | 挑战性工作 事业发展机会 工作自主权 | 完成角色外工作 牺牲性个人利益 出谋划策 优质工作 全身心投入 维护组织形象 | 身背横幅上街宣传——宣传方式创新（探索式创新） 女卫生间应该更大些——环境创新（探索式创新） |
| 规范管理阶段：让海底捞健康成长 | 稳定工作保障 绩效工资 公平待遇 良好福利 | 忠诚组织 不支持竞争对手 接受工作调整 | 友善工作环境 尊重员工 信任员工 真诚对待员工 关怀个人生活 提供工作指导 肯定贡献 | 关系和谐 帮助同事 | 学习机会 晋升机会 事业发展机会 | 完成角色外工作 牺牲性个人利益 优质工作 全身心投入 维护组织形象 | 钻研新菜品——味道创新（利用式创新） 推出免费试吃等活动——营销方式创新（利用式创新） 清洁工摸索工作技巧——工作方式创新（利用式创新） |

企业劳资关系与双元创新能力：一个基于心理契约视角的案例研究

续表

| 履责情况\发展阶段 | 规范维度 | | 人际维度 | | 发展维度 | | 企业双元创新能力 |
|---|---|---|---|---|---|---|---|
| | 组织责任 | 员工责任 | 组织责任 | 员工责任 | 组织责任 | 员工责任 | |
| 精细化管理阶段：让海底捞全面成长 | 稳定工作保障 绩效工资 公平待遇 良好福利 工作条件保证 | 加班工作 忠诚组织 不支持竞争对手 接受工作调整 | 友善工作环境 信任员工 尊重员工 友善工作环境 提供工作指导 关怀个人生活 | 关系和谐 团队精神 信息沟通 | 挑战性工作 事业发展机会 工作自主权 参与决策 晋升机会 | 完成角色外工作 出谋划策 优质工作 全身心投入 维护组织形象 | 包丹袋——服务创新（探索式创新）演讲竞赛——学习方式创新（利用式创新）"奥运拂面舞"——服务创新（探索式创新）等位区域提供免费小食品——服务创新（探索式创新）搬"电话亭"进餐厅等——服务创新（探索式创新）惊喜魔术表演——服务创新（探索式创新） |
| 管理整合阶段：建立商业生态系统 | 稳定工作保障 绩效工资 公平待遇 良好福利 工作条件保证 | 加班工作 忠诚组织 保守商业秘密 不支持竞争对手 接受工作调整 | 友善工作环境 信任员工 合作氛围 真诚对待员工 关怀个人生活 提供工作指导 肯定贡献 | 关系和谐 帮助同事 信息沟通 配合上级 | 学习机会 事业发展机会 晋升机会 工作发挥所长 挑战性工作 工作自主权 | 完成角色外工作 出谋划策 学习新技术 优质工作 全身心投入 维护组织形象 | 线上火锅外卖——服务创新（探索式创新）白板叫号——工作流程创新（探索式创新）英语竞赛——学习方式创新（利用式创新）更换餐饮用具和店铺装修风格——环境创新（利用式创新） |

资料来源：笔者根据海底捞发展过程中的履责情况与创新举措整理而成。

投入工作并保障优质的工作产出，甚至是牺牲个人利益。基于上述组织责任的履行，海底捞员工主动承担了员工责任，从而赢得杨晓丽组织员工身背横幅上街宣传，还收到了员工对卫生间大小的提议等员工责任的具体表现。这些宣传方式创新和环境创新都属于探索式创新，不仅是海底捞前所未有的，也是行业内的首创。

## 二、规范管理阶段的企业劳资关系与双元创新能力

从国外考察归来后，张勇意识到国内餐饮业的竞争越来越激烈，海底捞要想从众多餐饮企业中脱颖而出必须尽快建立起核心竞争力。然而火锅行业内的味道差别并不大，而且顾客还可以依据自己的口味进行调适，显然海底捞不能选择从味道方面进行创新。出于尽快建立核心竞争力的生产经营思路，张勇提出从企业文化出发，将创新焦点集中到差异化服务以及提供服务的主体——员工，进而提出与员工个人目标一致的三大企业目标："一是创造一个公平公正的工作环境；二是致力于使双手改变命运成为现实；三是将海底捞开到全国。"这三大目标分别对应于伦理—社会价值观、情感—发展价值观以及经济—实用价值观，共同构成海底捞的价值观体系，后来成为海底捞人力资源体系的理念支柱。为全面实现三大企业目标，海底捞借助多种组织活动向员工传达其发展理念。第一，每位新员工进入海底捞后第一件事不是培训，而是通过各种活动向他们灌输"人生而平等，双手改变命运"的核心价值观，并借此传达企业重视品德，员工必须遵守勤劳、敬业、诚实、孝敬父母等伦理观念。由此可见，"创造公平公正"的企业目标表明海底捞将"伦理—社会价值观"摆在首要位置，为员工提供了公平和友善的工作环境。第二，海底捞提倡"公平公正"和"双手改变命运"的核心价值观，这既体现了企业的发展目标，又融合了餐饮服务人员的个人奋斗目标，清晰地向员工传达了企业的创新目标以及组织的支持承诺。因此，也被称为体现员工自我实现的"情感—发展价值观"，除公平和友善的工作环境之外，也可以窥探出这是真诚对待员工、尊重员工的具体表现。第三，体现业绩目标的"经济—实用价值观"。张勇的亲身经历让

企业劳资关系与双元创新能力：一个基于心理契约视角的案例研究

他明白了"用心服务"才是赢得顾客的关键，并将其确立为海底捞的生产经营思路。为保障服务质量，张勇始终坚持让海底捞稳步走直营模式，而且规定任何一家新店的运营都得有30%的老员工压阵。当感到施永宏的发展策略也许会与公司的未来发展相悖时，张勇坚持解聘了他。进入规范管理阶段，海底捞围绕企业价值观，引导管理者从员工的选、育、用、留四方面建设核心竞争力。公平公正的晋升制度以及经营、人事和财务的权力体系为公司的人力资源管理提供了极大支持。另外，海底捞使"通过员工满意来拉动顾客满意进而实现利润"的考评机制成为现实。在升职上，公司不是考虑学历和经历，而是根据能力大小来决定，这让员工切实感受到"人生而平等"的企业价值观。除财务外，公司的每位高层都需从基层干起。这一做法可以确保管理者以同样的眼光来看待问题、解决问题，甚至还有利于了解员工的内心想法、缩短与他们的心理距离。无论是确立与员工个人目标高度一致的企业目标，还是规定新店开张需要30%老员工压阵，抑或后来正式确立的"师徒制"员工培养模式、设计职业发展路径、坚持内部晋升、将员工满意度纳入店长考核体系、基层员工采用计件工资制等一系列管理举措，海底捞的每一项制度都紧紧围绕与员工个人目标高度融合的企业目标而展开，以提供工作保障、绩效工资、公正对待以及良好的福利为基本组织支持，竭力让员工感受到友善的组织环境，"师徒制"作为海底捞的人才培养模式给予了员工高效的工作指导，而职业发展路径、晋升渠道和考核机制为员工提供了晋升机会和事业发展机会。

毫无疑问，海底捞及其最高管理者张勇是人际维度组织责任承担者的最佳典范。他曾说，"公司成功的秘诀就是把员工当人看"，在外界看来就是把员工当作自己的家人来对待。公司的员工大多学历不高，家庭较贫困。他们对家庭有很强的责任感，希望在大城市里得到认同和公平对待。基于此，海底捞围绕"人生而平等，双手改变命运"的价值观创建了组织的意义系统，并不断探索，提出了能让员工感到支持的许多措施。对于员工强烈的家庭责任感，海底捞实施了很多措施来解决他们最挂心的家庭问题。例如，在四川简阳创建了一所供员工子女免费上学的学校，将员工及其直系家属纳入专项医疗基金的受益对象，以此增强员工与家人的情感。在海底捞，这样的家庭网络支持还有很多。这种基于员工的家庭责任感而实施的家庭网络支持在帮助他们分担责任的同时也为他们履行责任给予了一定的条件支持，最终加强了员工的组织承诺并转化为对公司的全力回报。面对新员工的都市融合需求，公司尽力提供各种支持，如将员工的宿舍安排在正规住宅小区并陆续在员工宿舍安装空调、电脑、电视、Wi-Fi等多种家用设施，让员工感受到城市生活的舒适和便捷。为营造良好的组织氛围，张勇带领公司把"人生而平等"的价值观融入员工的亲身体验，让他们感受到了来自企业的尊重、信任、关怀和认可，以及真诚对待员工的态度等组织责任。

通过回顾海底捞在规范化管理阶段的劳资关系，笔者梳理出，这一阶段海底捞的组织责任承担呈现出以规范维度和人际维度为基础，着力从人际维度与员工建立良好的劳资关系。在感受到上述一系列组织责任后，员工不仅履行了忠诚组织、不支持竞争对手等基本义务，同时也愿意接受工作调整、主动维护组织形象，更有动力全身心投入工作、完成角色外工作并保证较优质的工作产出，甚至心甘情愿地为组织利益牺牲自己的个人利益。在强有力的人际维度的组织支持下，员工积极与同事和上下级之间建立和谐的关系并主动帮助彼此，不胜枚举的老员工对新员工、上级对下属的关怀与帮助便是这一状况的真实写照。在感知到上述一系列组织履责行为后，海底捞先有袁华强带领厨师进行味道创新，后有员工提出以免费试吃等活动吸引顾客的营销方式创新以及清洁工阿姨的工作方式创新，虽然这些来自员工的创新仍然以利用式创新为主，但却为以后的企业双元创新奠定了基础。

## 三、精细化管理阶段的企业劳资关系与双元创新能力

迈入精细化管理阶段，张勇从麦当劳和王品台塑牛排两家餐厅的发展过程中总结出公司的高级管理目标是做好品牌和创造充满激情的工作环境。这一高级管理目标不仅实现了与原有三大企业目标的融合，更将海底捞的发展理念提到了新的高度，进一步保障组织责任的有效实施。步入精细化管理阶段，海底捞通过引入新技术不断规范工作流程，实现

企业劳资关系与双元创新能力：一个基于心理契约视角的案例研究

减轻员工工作负担、提升员工工作满意度的劳资关系管理目标。为此，公司从传统的手工记账变为金蝶 ERP 系统，从全部外部采购到自建生产和种植基地，如今已有了一套完整的物流供应系统，其配送中心的标准化程度也已达到国际水平，而且其供应链物流系统不仅可以支持公司内部火锅业务的需求，还能实现对外销售。这些新技术、新设备的高效运用不仅体现出海底捞对组织层面管理技术创新的重视，更体现了企业对员工工作的技术支持以及高效产出的关注。在张勇看来，只有员工开始追求高效的工作产出，他们才能拥有更高的职业追求和生活追求，才能看得更远、走得更远，所以海底捞鼓励员工建立自己的社交网络，并为每间员工宿舍安装电脑和宽带。

张勇提出，好员工是尊重出来的，而最好的尊重就是信任。海底捞将这一管理思想与充分授权融合并得到了非常高的管理成效，受大众吹捧的"变态服务"就是极佳的证明。更重要的是，这一管理实践不仅为海底捞吸引到了大量人才，而且还彰显了海底捞在规范、人际、发展维度高度的组织责任履行信念。海底捞敢于充分授权的背后折射出以张勇为首的资方对人际维度组织责任的深刻理解。第一，公司员工之前彼此都是熟人，而人处在熟人圈子里的道德风险反而更低，在这之中他们违反规定的成本很高，这也减少了他们肆意行使权力的概率。第二，由于公司员工的老家多在农村，在都市里认识的人很少，所以缺少贪污的动力，如果员工用打折等行为与顾客维持良好关系可以实现他们的社交需要，张勇也不会阻拦。因为他熟知这不仅可以加强员工的社会联系，而且也可以帮助他们获得和加强自己的社会资源，如果员工满意度高，那么他们同样也会和公司共享这些资源。换言之，海底捞通过充分授权加强了员工的凝聚力以及社会联系，这些也会帮助公司蓬勃发展。一开始，张勇让年轻的杨晓丽管理第一个跨省分店，之后发展到经理也有授权，最终各级员工都有了一定的权力。随着授权范围的不断扩大，海底捞在人力资源管理机制上做出了管理整合。他将 ABC 门店评级办法引入拓店机制的考核中，及时重构了店长薪酬体系并完善了晋升通道。与此同时，海底捞也将之前鼓励员工创新的管理实践完善为各店进行"红黄蓝创意排行榜"评比，这一管理举措将鼓励创新从人际维度正式提升到了规范和发展维度，为员工提供更开阔的成长平台。

与上述强有力的组织责任相对应，海底捞的员工在规范维度保持了忠诚组织、不支持竞争对手以及接受工作调整的员工责任，而且很多一线员工在加班工作时也仍然尽职尽责照顾好每一位顾客。伴随着挑战性工作、晋升机会等发展维度的组织履行，员工以完成角色外工作、全身心投入工作、保证优质工作产出、出谋划策和维护企业形象等发展维度的员工责任回应组织。海底捞在规范、人际、发展维度的责任担当换来了员工对自身责任的高效履行，进而促使包丹袋、奥运捞面舞、餐厅电话亭、魔术表演等服务创新成为可能，而且这一阶段海底捞涌现出了很多服务方面的探索式创新。海底捞的创新不仅局限于顾客服务层面，而且还体现在员工学习方面，如举办厨艺比拼、演讲竞赛等各种技能比赛就是针对员工学习方式的利用式创新。通过分析海底捞的企业劳资关系与双元创新能力的关系，不难发现，海底捞在精细化管理阶段履行了更丰富的、与员工个人目标高度一致的组织责任，而且又以发展维度的组织责任最明显，成员也回以更多的员工责任尤其是发展维度的员工责任，这就不难理解为什么海底捞在这一阶段涌现出了大量的探索式创新。

## 四、管理整合阶段的企业劳资关系与双元创新能力

为了提升员工的工作能力和服务水平，进入精细化管理阶段海底捞创办了自己的培训大学，同时倡导各门店成立自主学习小组并予以经费支持。例如，晚课时间由店长组织大家一起讨论什么是第一负责人制度并举例说明各种突发情况下的应对措施，以及具体的权责界定和行为奖惩。这种学习讨论的方式特别适合海底捞这些受教育程度不高的员工，而且还能够帮助他们更全面地理解各项管理制度，更充分地运用各项组织支持。与此同时，海底捞继续加强在人际维度的组织责任履行，不断提升员工的生活质量和工作环境，为员工提供了良好的工作条件保证、福利和公平的待遇，这也是海底捞基层员工的离职率远低于行业平均水平的原因之一。海底捞鼓励员工特别是基层员工参与创新，从赋予员工

企业劳资关系与双元创新能力：一个基于心理契约视角的案例研究

资金奖励和创意授名权到后来的"红黄蓝创意排行榜"，都标志着资方重视员工创新并将其提升到制度层面，让员工切实感受到表达有渠道、声音有回应、结果有反馈的组织支持。

虽然海底捞积极承担多项组织责任，但是如何才能保证组织成员更好地履行员工责任呢？又如何保证激发员工更高的创新能力呢？2010年，张勇了解到虽然以发展维度为主的组织履责架构可以促进企业服务创新，但位于整个服务流程的基层员工创新很容易陷入瓶颈期。如果要想促进员工创新、拥有长远竞争力，公司则要设计实行一整套餐饮业的规范化、精细化管理体系。因此，2010年公司聘用 IBM 咨询公司建立标准化管理体系，这才使海底捞对原有的师徒制与科层制相结合的结构设置进行变革，进行组织结构扁平化并分化出了专门负责咨询管理工作的教练组。与此同时，海底捞革新了各大门店店长的职业发展路径，让那些工作出色、员工满意度高、适合管理门店的店长去新开门店，让那些表现突出、喜欢发现问题、总结经验的店长去做咨询。可见，海底捞逐渐将人岗匹配的人力资源管理准则嵌入管理制度和管理实践层面，为员工提供更多的挑战性工作、事业发展机会和晋升机会，让他们能够在工作中发挥所长，有更多的获得感。与此同时，海底捞着力全面建设和完善信息化系统，信息化建设覆盖到"员工—服务—顾客—利润"整个服务链中的每一个环节，从员工满意度和忠诚度抓起，保障员工的工作内容更加专业化、晋升标准更加科学化、组织决策更加透明化，尽可能消除上下级间的信息不对称。面对资本市场的虎视眈眈，海底捞始终把控制权紧紧攥在自己手里。一方面，公司凭借自身的品牌优势从其内部分列了多个品牌，而且将从供应链服务方面获得的能力和资源用于整合多业务单元。另一方面，海底捞借助底料业务上市，不仅巧妙地规避了由火锅业务上市带来的巨大风险，而且还帮助海底捞在构建餐饮商业生态系统方面找到了一把强大的保护伞。这既是资方对海底捞发展方向的尝试和探索，也为海底捞的员工创造了更多的职业发展方向、学习机会、晋升机会以及一些挑战性工作。

进入管理整合阶段，海底捞在规范、人际和发展维度提供了更加强有力的组织支持，海底捞员工不仅履行了自身规范维度的责任，同时也把人际维度和发展维度的进一步责任履行作为回报。最难能可贵的是，除保证基本的工作条件和稳定的工作保障之外，海底捞为员工创造了一个公平、友善的工作环境，让员工切实感受到被尊重、被信任、被肯定、被真诚对待，再加上一定的挑战性工作和相对的工作自主权与学习机会、工作指导相结合，巧妙地赢得了大多数员工的信赖，使其心甘情愿地履行更多的员工责任，如积极配合上级工作、及时共享信息、学习新技术或帮助组织出谋划策。因此，尽管员工层面的创新已经变得更加困难，但也不乏白板叫号、线上火锅外卖、英语竞赛、更换餐饮用具和门店装修风格等员工层面的创新，它们分别是工作流程和服务上的探索式创新，以及学习方式和环境上的利用式创新。

本书以海底捞及其员工为案例，通过对劳资双方的责任履行情况进行回顾和梳理，发现随着企业承担与践行的组织责任越来越全面，员工的履行自身责任的积极性和主动性也越高，进而激发企业双元创新能力。这种企业双元创新能力并不是一直处于上升趋势，它会随着不同的发展阶段而有所变化。从"组织责任—员工责任"层面来看，海底捞在整个发展过程中所履行的组织责任日趋完善，相应地，其员工所承担的员工责任也逐渐增多；从"员工责任—企业双元创新能力"层面来看，海底捞的企业双元创新在生存阶段以探索式创新为主，进入规范化管理阶段以利用式创新居多，但是在步入精细化管理阶段后以探索式创新为主的企业双元创新又再次占据主导地位，而这一企业双元创新局面在整合管理阶段转变为两种创新的基本平衡。

# 第六节　结论与讨论

在高度不确定的市场环境中，企业双元创新能有效推动企业的核心竞争力，为企业的差异化竞争优势注入活力。在回顾和梳理大量文献后，本书总结出两点需要改进的研究现状：一是人们习惯于将企业双元创新能力直接归功于最高管理者，而忽略了组织层面的双元创新的主体

企业劳资关系与双元创新能力：一个基于心理契约视角的案例研究

不只有代表资方的最高管理者以及专门负责研发的人员，还有人数占比较大的、处于不同岗位的普通员工以及基层和中层管理者；二是双元创新的研究关注点基本锁定在分析其对各种企业经营产出的影响（He、Wong，2004），直接针对企业劳资关系与双元创新的关系进行探讨的研究不多。尽管近年来也涌现出一些关于企业劳资关系与双元创新能力的实证研究，但这些用来测量企业劳资关系的指标体系往往较为烦冗和复杂，指标内容也会根据不同的研究目的而有很大差别。因此，本书聚焦于企业双元创新能力，采用单案例研究方法深入探讨企业劳资关系对双元创新能力的影响。本书从心理契约视角切入，采用朱晓妹、王重鸣（2005）提出的心理契约三维结构，运用单案例研究分析基于心理契约视角的企业劳资关系与双元创新能力间的关系，从而设计出企业劳资关系对双元创新能力的影响路径。

本书选用我国知名餐饮企业海底捞及其员工为样本案例，通过回顾整理出该企业劳资双方的组织责任和员工责任的履行情况及其对企业双元创新能力的影响。研究发现，随着企业承担的组织责任越来越多，员工愿意履行的员工责任也在不断增加，继而激发了企业双元创新能力。需要注意的是，企业所迸发出来的双元创新能力并不是一直上升的，而是会受到不同发展阶段的影响。具体而言，从"组织责任—员工责任"层面来看，海底捞在整个发展过程中所履行的组织责任日趋完善，相应地，其员工所承担的员工责任也逐渐增多；从"员工责任—企业双元创新能力"层面来看，海底捞的企业双元创新在生存阶段以探索式创新为主，进入规范化管理阶段以利用式创新居多，但是在步入精细化管理阶段后，以探索式创新为主的双元创新又占据主导地位，而这一企业双元创新能力在整合管理阶段转变为两种创新的基本平衡。

目前，双元创新对于企业运营产出的影响成为了学者的主流研究范式（He、Wong，2004），而缺少对双元创新的重要解释变量即劳资双方的关系互动对双元创新能力的影响，特别是对以人数占比较大且更接近于顾客的员工为创新主体的企业双元创新能力的研究。另外，目前大多研究通过研究大型企业来分析双元创新的作用（Chang、Hughes，2012），却忽视了任何一个大型企业都是从中小企业逐步发展而来。简言之，已有研究着重强调了企业双元创新对经营产出的积极影响，却少有人对企业如何获取双元创新能力进行探索。因此，本书的理论和实践意义有两点：一是将心理契约视角引入企业劳资关系与双元创新的研究框架中，且采用单案例的研究方法有助于观察到企业劳资关系的动态变化，进一步弥补了双元创新能力的理论不足；二是深刻揭示了通过企业劳资关系提升双元创新能力的具体路径，为处在完全竞争行业尤其是那些服务性企业建设或提高双元创新能力有着启发意义，而且为它们提供了更加具象的塑造企业双元创新能力的现实参照。

诚然，本书也存在一些不足：一是只具体分析了餐饮公司及其最高管理者，最终结论对于其他行业公司的适用性还需验证；二是由于选取的企业正值成熟期，因此最终结论对不同发展阶段的企业是否适用还需考察；三是样本资料的来源有所限制，研究资料并不是很多。因此，未来研究还可以从以上几方面对样本企业的劳资关系与双元创新能力间的关系继续进行探讨，或者是探索出获取企业双元创新能力的其他影响因素。

# 第七章 企业劳资关系与双元创新能力：基于心理契约视角的实证研究

## 第一节 理论基础与文献综述

目前，人力资源领域围绕心理契约的研究不断涌现，而且心理契约也逐渐被引入劳资关系及其他研究领域，成为解释组织或个体非正式行为的主要解释变量。例如，基于社会交换理论、社会比较理论的研究成果认为，心理契约在人际技能和关系质量之间具有一定的中介作用（高维等，2012）；心理契约在工作意义、自我效能感对员工创新行为的关系中起完全中介作用（李万明、李君锐，2016）；在劳务派遣型的雇佣关系中，劳资双方的心理契约履行与工作卷入程度显著正相关，而分配公平和程序公平感知在两者间起完全中介作用（李敏等，2013）。鉴于心理契约属于一种存在于交易双方之间内隐的但真实存在的内心期望总和，遵循从公开到互动再到明确的路径（赵峰等，2015），进而才能明确人力资源的内隐需求、主观需求和模糊需求。心理契约感知对员工的创新行为具有很强的解释力，而且组织承诺在这一过程中起中介作用（王贵军，2011）。有研究以知识型员工这一高创新群体为例，认为其心理期望多属于心理契约的内容，提出了建立"以人文本"的企业文化、营造良好的沟通氛围、建立企业与知识型员工的共同愿景等激励知识型员工创新行为的主要策略（徐光等，2016）。因此，用工单位有必要与劳动者加强沟通（李敏等，2013），深入了解员工的心理契约内容，确保劳方与资方对彼此心理契约内容理解相同，保持认知一致。

在企业劳资关系的框架之中，劳资关系成立的主要标志是劳资双方签订劳动契约，这仅代表着法律逻辑层面的劳资关系确立。劳动契约以制度化的方式规范劳资关系，但劳动契约的局限性决定了它不可能实现对劳资关系的全部规范（陈微波，2005）。作为劳动契约的一种补充调整手段，心理契约具有内隐性、主观性的特点，需要资方为劳方提供一系列的工作保障和条件支持，也需要劳方的工作投入和情感承诺。尽管心理契约并不直接等同于企业劳资关系，但和谐的劳资关系一定意味着劳资双方的心理契约已经达到相对较为均衡的状态（刘中虎，2004），即和谐劳资关系是心理契约均衡的结果。与此相对应，心理契约的违背必然会导致劳资关系的恶化，也就是说，不协调的劳资关系往往源于心理契约的破裂。如果要达到更高水平的劳资关系，就必须通过打破原有的心理均衡，才能构建新的契约均衡。心理契约是企业劳资关系得以形成的先决条件，借助心理契约探究企业劳资关系的最大优势就是两者都是动态变化的，因而基于心理契约视角的企业劳资关系侧重于强调，劳资双方之间形成的某种心理期望均衡有助于劳资关系的稳定，如果要优化和改善现有的劳资关系就需要在打破原有的心理期望均衡状态的基础上构建新的心理契约均衡，而相对均衡的心理期望均衡有利于劳资关系的和谐稳定。因此，作为反映企业劳资关系变化最敏感、最核心的要素，围绕心理契约展开对劳资关系的研究已经成为一种趋势。此外，鉴于既有大量研究是从法律逻辑视角出发探讨企业劳资关系，本书基于心理契约视角观测企业劳资关系的真实状况。

心理契约的变化是对劳资关系发展变化的适应性调整。心理契约是劳资关系主体对彼此的责任承担的感知，主要包括组织责任（即组织对员工的责任）和员工责任（即员工对组织的责任），前者是指员工对组织的期望，后者则是组织对员工的期望，两者都包含规范维度、人际维度和发展维度。其中，组织责任主要体现在规范维度（绩效工作、稳定工作保障、公平待遇、良好福利、工作条件保证）、人际维度（良好的上下级关系、信任员工、友善的工作环境、尊重员工、合作氛围、真诚对待员工、关怀个人生活、提供工作指导、肯定贡献）、发展维度（挑战性工作、事业发展机会、工作自主权、参与决策、工作发挥所长、学习机会、晋升机会）；员工责任主要包括规范维度（加班工作、忠诚组织、不支持竞争对手、辞职提前通告、保守商业秘密、接受工作调整）、人际维度（关系核心、团队精神、帮助同事、信息沟通、配合上级）、发展维度（完成角色外工作、为企业牺牲个人利益、出谋划策、学习新技术、优质工作、全身心投入、维护组织形象）。

由于组织支持理论和心理契约理论都是用于描述企业与员工的互动关系的理论，且都是以社会交换理论和互惠原则为理论基础，研究焦点都集中在如何通过高水平的企业劳资关系实现企业目标，所以这两种理论很容易被混淆。鉴于国内外对这两种理论的比较型研究较少，孙晓华等（2006）从多个角度对比分析了这两种理论之间的异同。从相似之处而言，组织支持理论和心理契约理论的相似之处表现在：一是两者都是评价企业与员工的互动关系的重要理论支撑；二是两者都具有促进员工做出组织公民行为、提高组织承诺水平、增加对企业的信任、完成本职工作和角色外工作等作用；三是两者都强调组织的公平性是维系良好劳资关系的重要因素；四是两者都立足于员工个体层面的心理认知过程，都认为个体差异是影响劳资双方的心理契约和组织支持感的关键因素。从不同之处来看，组织支持理论和心理契约理论的区别之处体现在：一是心理契约探讨的是劳资关系中的一方对另一方的责任履行的感知，而组织支持关注的是员工对组织态度和行为的看法和评价，如员工对企业是否关心其工作贡献的看法；二是心理契约理论认为，决定员工责任履行程度的根本在于企业承诺的类型和程度，而不仅仅取决于企业是否提供支持，组织支持理论则认为，员工会根据自身感知到的企业支持水平决定对企业的回报；三是心理契约是劳资双方的双向责任，是广义的"心理契约"，体现员工与企业之间的一种履责期望，而组织支持只是员工对企业支持的单向感知，是企业劳资关系的发展产物，并非在劳资关系建立之初就是清晰的。由此可见，从心理契约视角切入探讨企业劳资关系能够更生动地展现劳资双方的互动质量。

# 第二节 研究假设及研究模型

## 一、组织责任与企业双元创新能力

组织责任对双元创新的作用已被相关研究证实。心理契约以企业提供的就业保障和职业空间换取员工的工作投入和情感承诺，根据员工的需求和期望提供更多的工作保障和学习机会，从而使得员工不断提升的就业能力为企业发展提供源源不竭的动力（郭志文等，2006）。于桂兰等（2013）采用元分析技术探索中国情境下心理契约与组织公民行为之间的关系并进行跨文化的比较研究，研究结果再次证实，心理契约履行与组织公民行为正相关，而心理契约违背与组织公民行为负相关（于桂兰等，2013）。詹婧和赵越（2017）认为工会—管理层关系与员工参与机制中的参与形式丰富度、参与制度开展周期等五个维度有显著影响，并提出企业工会在促进员工参与的过程中可以适当与管理层进行合作，其原因在于，合作所带来的劳资力量均衡能够促进员工参与机制的有效运行，能够有效提升创新力。

王朝晖（2012）提出人力资源管理与创新能力的关系本身涉及三个层面的变量，分别是组织层面的组织学习、群体层面的协作氛围以及个体层面的相关行为变量。上述研究为本书提供了研究思路，心理契约视角下的企业劳资关系涉及组织责任与员工责任两个层面，这种劳资关系的构建恰好体现着企业人力资源管理的作用，鉴于企业创新工作的开展最终要落实到员工身上，而企业对于组织责任的体现需要发挥人力资源管理的作用。在组织责任得以有效履行的前提下，员工对于自身责任的履行也会有所增强，有助于进一步提升企业双元创新能力。

智力资本是企业用于实现竞争优势的知识存量的总和（Subramaniam、Youndt，2005），而智力资本中的人力资本则是至关重要的一部分。已有研究表明，专才型人力资本体现某一职能范围内所特有的知识，会显著影响企业的利用式创新，而企业的人力资源管理对于开发企业的智力资本有着重要的作用（王朝晖和罗新星，2010），进而也会影响到企业的双元创新。

已有研究对于人力资源管理与双元创新的关系进行了探索。相关的研究结论表明，通过创新性的人力资源管理系统，其中包括团队工作安排、团队激励等，企业可以同时实现双元创新（Annique，2007）。具体来说，一方面，创新型的人力资源管理系统可以有效地整合各部门的资源，高效地协调各部门的工作，提高整个企业创新工作的运行效率，进而有助于促进利用式创新的开展；另一方面，此类型的人力资源管理系统又可以提高员工的创新效率，促进新产品的开发，即探索式创新工作的落实。基于此，本书提出如下假设：

H1a：组织责任的履行程度正向影响企业利用式创新能力。

H1b：组织责任的履行程度正向影响企业探索式创新能力。

## 二、部门协作氛围的调节作用

围绕心理契约的企业劳资关系研究强调交易性和雇佣性。作为劳资双方的一种隐性约束，心理契约有助于劳方、资方恪守责任并保持良好的互动关系，员工对自身责任的主动履行意味着员工能够将自己视为企业的主体，与此同时，员工也会将个人发展融入企业发展，从而营造出一个具有创造力的组织氛围。Collins 和 Clark（2003）通过研究发现，在组织层面的协作氛围的影响下，企业的人力资源管理实践可以有效地促进知识的交流与分享，最终对企业的双元创新能力及创新绩效产生正向的影响。由此本书推测，在不同的部门协作氛围下，企业通过有效落实组织责任，调动员工的工作积极性与创造性，进而对企业双元创新产生不同的影响。

关于部门协作氛围在组织责任与企业双元创新能力中起到调节作用的研究，在谋求心理契约均衡的相关成果中已为此提供可借鉴的思路。其中，刘中虎（2004）提出，构建新的心理契约均衡对策具有较深刻的启发意义，主要表现在以下三方面：一是对不同类型员工采取不同的组织期望和组织承诺，如面对临时性员工的绩效表现提供签订正式劳动契约的机会和晋升渠道，提高他们对组织的认同感；二是建立以人为本的企业文化，给予员工一定的工作自主权和具有挑战性的工作，为劳资双方的心理契约建立创建了良好的氛围，同时也为员工的工作推进提供了良好的制度保障；三是加强组织及其管理者与员工之间的有效沟通，不断完善劳方的表达渠道并予以决策参与权和学习机会，通过持续沟通实现劳资双方对组织责任和员工责任的一致认知（刘中虎，2004）。在上述第二点中，良好的企业文化作用于和谐劳资关系的构建，同时对于部门协作氛围的培养产生相应的影响。企业在和谐劳资关系的作用下，对组织的双元创新会产生显著的正向影响，在高部门协作氛围下，团队合作的效率会更高，而且这种影响在高部门协作氛围的作用下会更加明显；相应地，在低部门协作氛围下，和谐劳资关系对双元创新的影响则有所减弱。基于此，本书提出如下假设：

H2a：部门协作氛围在组织责任与企业利用式创新的开展中起到调节作用。相较于低部门协作氛围，在高部门协作氛围下，组织责任对企业利用式创新的正向影响更显著。

H2b：部门协作氛围在组织责任与企业探索式创新的开展中起到调节作用。相较于低部门协作氛围，在高部门协作氛围下，组织责任对企业探索式创新的正向影响更显著。

## 三、企业管理系统的中介作用

依照系统论的观点，任何系统都是由相关要素及要素间的关系所构成的统一整体，企业管理系统也不例外。企业管理系统指的是企业的组织结构与运行体系，具有一定的层次性和复杂性，能够体现企业管理的大部分职能，包括组织结构、工作流程、管理标准、激励机制、信息沟通渠道等（邢以群、杨海锋，2001）。

劳资双方的信息不对称必然伴随着工作效率的低下，而心理契约能够有效弥补这一不足。从本质上来看，心理契约的构建过程也是一个劳资双方充分履责的过程，有利于充分发挥员工的积极性、创造性，保证员工的高水平产出和高组织承诺。但在此建构过程中，企业管理系统的作用不容小觑。首先，从企业管理系统中的激励机制来看，郭梅等

（2009）在建立的横向和纵向监督激励模型的基础上分析心理契约与员工工作产出之间的关系得出，虽然良好的心理契约不会对企业的最优激励强度产生影响，但是却能够有效提升员工的工作投入水平，激发员工的工作积极性与创造性；其次，管理系统决定组织的结构，为企业各部门的信息沟通提供有效的渠道，促进企业各部门的资源共享，进而有效开展企业双元创新活动。

从企业管理系统的激励机制角度来看，已有研究表明，企业与员工之间的心理契约平衡是影响员工忠诚度的主要原因。张兰霞等（2008）采用访谈和实证方法探索知识型员工忠诚度的影响因素，研究发现，从事技术工作的知识型员工比从事管理工作的知识型员工对组织的忠诚度更高，员工会为了企业学习新技术、出谋划策和维护组织形象，更有可能为了企业利益牺牲个人利益。由此可见，组织责任的落实通过借助有效的企业管理系统的激励机制达到提高员工工作积极性的作用，进而促进双元创新活动的开展。

企业管理系统包括组织结构、工作流程、管理标准、信息沟通等维度，这些相互影响、相互贯通的方面共同构建起企业管理系统。有研究借助 Logistics 回归模型探讨私营企业和谐劳资关系的影响路径，结果表明：良好的工作环境、劳动安全感与归属感、价值认同、培训和晋升机会都对企业和谐劳资关系具有显著正向影响（杨晓智、董会，2014），进而对企业双元创新产生显著影响，毕竟创新工作的执行主体是企业内的员工。另外，企业管理系统的组织结构和工作流程等可用来保证组织责任的落实，为员工提供良好的工作环境，而相关的管理标准又能使组织责任的开展有章可循，提升员工的劳动安全感，相应的信息沟通机制，则能提升整个管理系统的反应与行动能力，使双元创新工作中遇到的问题得以及时传递和解决。因此，在组织责任对企业双元创新发挥作用的过程中，必然少不了企业管理系统的作用。基于此，本书提出如下假设：

H3a：企业管理系统运营状况在组织责任与企业利用式创新能力之间具有中介作用。

H3b：企业管理系统运营状况在组织责任与企业探索式创新能力之间具有中介作用。

## 四、研究模型

通过对大量既有研究进行回顾和梳理，本书提出了上述研究假设，并构建了企业劳资关系与双元创新能力的研究框架，如图7.1所示。该研究框架旨在说明以下三点：一是企业的组织责任履行正向影响企业双元创新工作的开展；二是企业管理系统运营状况在组织责任和双元创新能力之间具有中介作用；三是部门协作氛围在组织责任与企业双元创新的开展中起到调节作用。与低部门协作氛围相比，在高部门协作氛围下，组织责任对企业双元创新的正向影响更显著。

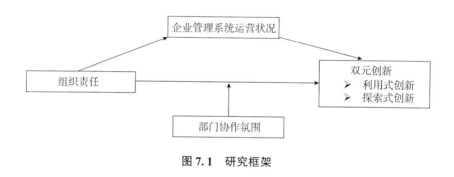

图7.1　研究框架

# 第三节　研究方法及数据分析

## 一、研究被试

本书选取国内185家企业的经理，调查企业涉及制造业、服务业、食品业、服装业、金融业、房地产、钢铁重工业等领域。本次调研先后历时一年半，共向企业总经理发放调查问卷185份，回收169份（问卷回收率91.351%）。剔除掉27份数据缺失严重的无效问卷，有效问卷来自 142 家企业，回收有效率达到 76.757%。

从调查样本的描述性统计分析来看，总经理中的男性为 117 人，而女性为 25 人；从年龄结构上来看，26~30 岁的人群占 2.1%，31~35 岁的人群占 9.9%，36~40 岁的人群占 21.8%，41~45 岁的人群占 23.2%，46~50 岁的人群占 23.2%，51~55 岁的人群占 14.1%，56 岁及以上的人群占 5.6%；从教育程度的构成来看，初中及以下的人群占 0.7%，中专和高中的人群占 10.6%，大专的人群占 24.6%，大学本科的人群占 35.9%，硕士研究生的人群占 21.8%，博士研究生的人群占 6.3%；从幸福度的水平看，有 76.1% 人认为自己处于很幸福和较幸福的状态，21.8% 的人认为自己处于一般幸福的状态，而有 2.1% 的人认为自己不太幸福或很不幸福。

## 二、测量工具

利用式创新与探索式创新的测量。本书借用 He 和 Wong（2004）开发的题项，其中，探索式创新与利用式创新各自包含五个题项，如表 7.1 所示。问卷题项采用李克特五点量表评分。

表 7.1　问卷量表题项总结

| | 一级指标 | 二级指标 | 来源 |
|---|---|---|---|
| 利用式创新 | 巩固我们所熟悉的产品与技术的现有知识与技能 | | He 和 Wong，2004 |
| | 将资源投入应用成熟技术的技能，提高生产率 | | |
| | 构建逐步改进现有客户问题解决方案的能力 | | |
| | 巩固现有产品开发流程的技能 | | |
| | 增加项目知识与技能，从而提高现有创新活动的效率 | | |
| 探索式创新 | 获取对公司全新的制造技术与技能 | | |
| | 学习行业内全新的产品开发方法与流程 | | |
| | 获取全新的管理与组织方法从而提高创新的效率 | | |
| | 率先掌握某些领域的新技能 | | |
| | 提高在未知领域中的创新技能 | | |

续表

| | 一级指标 | 二级指标 | 来源 |
|---|---|---|---|
| 组织责任 | 稳定工作保障 | 在制定人力资源政策和制度时，人力资源部门会充分考虑对员工权益的保障 | 李原（2002）；李原和孙健敏（2006） |
| | | 为员工提供稳定、长期的就业保障 | |
| | 公平待遇 | 根据员工的技能、知识、创新程度来给员工发放薪酬 | |
| | | 根据员工的绩效、产出或者他给企业带来的收益的情况来发放薪酬 | |
| | | 根据员工的职称、资历、责任或地位来发放薪酬 | |
| | 信任员工 | 本企业信任并理解员工 | |
| | 合作氛围 | 培育（员工的）合作精神 | |
| | 真诚对待员工 | 本企业重视员工的意见 | |
| | | 在进行变革改革时，充分考虑员工利益的保障 | |
| | 事业发展机会 | 企业有充分的正式培训，用以保障员工的职业生涯发展 | |
| | | 本企业关注员工的个人发展 | |
| | 学习机会 | 企业有大量的交叉培训（跨部门培训），帮助员工学习新的技能 | |
| | | 开发员工潜能，增强员工专业知识 | |
| 企业管理系统运营状况 | 我们的企业管理系统协调一致地支持了组织的总体目标 | | 凌峰（2012） |
| | 帮助我们避免在无谓的活动上浪费资源 | | |
| | 很少赋予组织成员相互冲突的工作目标而令他们产生矛盾 | | |
| | 我们的企业管理系统鼓励人们挑战过时的传统和权威 | | |
| | 很灵活，并能快速响应环境的变化 | | |
| | 能够快速进化以适应企业业务重点的转移 | | |
| 部门协作氛围 | 负责各职能部门的高层管理人员会定期拜访我们的现有和潜在客户 | | Narver 和 Slater（1990） |
| | 我们会在各职能部门间自由讨论各种成功的或者不成功的经验信息 | | |
| | 我们企业的所有职能部门会整合在一起满足目标市场的客户需求 | | |
| | 我们所有的职能部门都能够为创造顾客价值贡献一分力量 | | |
| | 所有的职能部门会致力于一起认真地解决问题 | | |

对部门协作氛围的测量。本书借用了 Narver 和 Slater（1990）开发

的 MTKOR 量表，而 MTKOR 量表也已在国内被广泛使用，主要借鉴的是其中跨部门协调的题项，并结合本书的研究目的进行了适当调整。问卷题项采用李克特五点量表评分。

对组织责任的测量。本书借鉴了李原（2002）以及李原和孙健敏（2006）所开发的组织责任的测量量表。鉴于李原和孙健敏（2006）创建心理契约测量量表的时期正值国内劳资关系发展的起步阶段，所以该量表更适用于 21 世纪早期的劳资关系衡量。伴随着企业劳资关系发展逐渐驶入正轨，加之劳资双方对工作和生活拥有更多样的需求，所以有必要对这一量表中的具体测量内容进行修正。因此，结合企业劳资关系的发展现状和特点，本书对心理契约测量量表中组织责任的相关测量题项适度进行调整，并对新量表进行了预调研，最终形成高度概括不同维度的组织责任测量题项。问卷题项采用李克特五点量表评分。

企业管理系统运营状况的测量。本书借鉴凌峰（2012）关于企业管理流程设计的研究，即企业管理流程设计会受到企业战略因素、管理业务属性因素、信息技术因素、组织结果因素等的影响，而本书的指标设置也恰好与上述因素相匹配，都体现了企业管理系统的运营状况。问卷题项采用李克特五点量表评分。

1. 数据量表信度检验

首先对所涉及的各个变量的测量条目进行信度检验，结果如表 7.2 所示，各变量的测量量表均通过了信度检验。

表 7.2  各变量的测量量表的信度检验

| 变量 | Cronbach's α |
|------|------|
| 利用式创新 | 0.865 |
| 探索式创新 | 0.828 |
| 组织责任 | 0.906 |
| 企业管理系统运营状况 | 0.859 |
| 部门协作氛围 | 0.844 |

2. 变量区分效度检验

为了检验本书所涉及各构念的区分效度，采用数理分析软件 AMOS 进行验证性因子分析，结果如表 7.3 和表 7.4 所示。首先在利用式创新下，针对组织责任、企业管理系统运营状况、部门协作氛围、利用式创新四个变量进行检验；其次在探索式创新下，针对组织责任、企业管理系统运营状况、部门协作氛围、探索式创新四个变量进行检验。与其他几个竞争模型相比，四因子模型对实际数据的拟合最为理想。说明在利用式创新和探索式创新下本书分别涉及的四个变量具备良好的区分性。

表 7.3 利用式创新下验证性因子分析检验结果

| 模型 | 因子 | $\chi^2$ | df | $\chi^2/df$ | TLI | CFI | RMSEA |
|------|------|---------|-----|------------|------|------|-------|
| 模型 1 | ZZ+GX+XZ+LC | 1288.094 | 377 | 3.417 | 0.501 | 0.537 | 0.131 |
| 模型 2 | ZZ+GX+XZ；LC | 1096.263 | 376 | 2.916 | 0.605 | 0.634 | 0.117 |
| 模型 3 | ZZ+XZ；GX；LC | 891.585 | 374 | 2.384 | 0.715 | 0.737 | 0.099 |
| 模型 4 | ZZ+GX；XZ；LC | 877.712 | 374 | 2.347 | 0.722 | 0.744 | 0.098 |
| 模型 5 | ZZ；GX；XZ；LC | 580.195 | 371 | 1.564 | 0.884 | 0.894 | 0.017 |

注：ZZ 代表"组织责任"，GX 代表"企业管理系统运营状况"，XZ 代表"部门协作氛围"，LC 代表"利用式创新"。

表 7.4 探索式创新下验证性因子分析检验结果

| 模型 | 因子 | $\chi^2$ | df | $\chi^2/df$ | TLI | CFI | RMSEA |
|------|------|---------|-----|------------|------|------|-------|
| 模型 1 | ZZ+GX+XZ+LC | 1267.121 | 377 | 3.361 | 0.506 | 0.542 | 0.129 |
| 模型 2 | ZZ+GX+XZ；LC | 1119.765 | 376 | 2.978 | 0.586 | 0.617 | 0.118 |

企业劳资关系与双元创新能力：基于心理契约视角的实证研究

续表

| 模型 | 因子 | $\chi^2$ | df | $\chi^2/df$ | TLI | CFI | RMSEA |
|------|------|---------|-----|-----------|-----|-----|-------|
| 模型3 | ZZ+XZ；GX；LC | 914.011 | 374 | 2.444 | 0.698 | 0.722 | 0.101 |
| 模型4 | ZZ+GX；XZ；LC | 898.692 | 374 | 2.403 | 0.707 | 0.730 | 0.100 |
| 模型5 | ZZ；GX；XZ；LC | 602.139 | 371 | 1.623 | 0.87 | 0.881 | 0.066 |

注：ZZ代表"组织责任"，GX代表"企业管理系统运营状况"，XZ代表"部门协作氛围"，TC代表"探索式创新"。

### 3. 共同方法偏差检验

为避免共同方法偏差的影响，采用 Harman 单因子检测方法，将问卷所涉及的所有变量的测量条目放在一起进行未旋转的因子分析，若只得出一个因子，或者第一个因子解释了绝大部分的变异，则说明存在较严重的共同方法偏差。经检验，未旋转前第一个因子解释各个变量所有测量项目 31.335% 的变异，不占大多数，说明共同方法偏差不足以对实验结果产生实质性的影响。

### 4. 描述性统计分析

本书所涉及变量的均值、标准差及相关系数如表 7.5 所示。其中，组织责任与利用式创新、探索式创新均显著正相关（$r_{利用式创新}=0.443$，$p<0.01$；$r_{探索式创新}=0.405$，$p<0.01$），企业管理系统运营状况与利用式创新、探索式创新均显著正相关（$r_{利用式创新}=0.309$，$p<0.01$；$r_{探索式创新}=0.419$，$p<0.01$），部门协作氛围与利用式创新、探索式创新均显著正相关（$r_{利用式创新}=0.386$，$p<0.01$；$r_{探索式创新}=0.459$，$p<0.01$）。这些主要变量之间的相关系数也不是很大。

表 7.5　各变量的均值、标准差及其相关系数

| | 1 | 2 | 3 | 4 | 5 | 6 | 7 | 8 | 9 | 10 |
|------|---|---|---|---|---|---|---|---|---|----|
| 利用式创新 | 1 | | | | | | | | | |

续表

| | 1 | 2 | 3 | 4 | 5 | 6 | 7 | 8 | 9 | 10 |
|---|---|---|---|---|---|---|---|---|---|---|
| 探索式创新 | 0.694** | 1 | | | | | | | | |
| 企业管理系统运营状况 | 0.309** | 0.419** | 1 | | | | | | | |
| 部门协作氛围 | 0.386** | 0.459** | 0.649** | 1 | | | | | | |
| 组织责任 | 0.443** | 0.405** | 0.414** | 0.310** | 1 | | | | | |
| 组织责任×部门协作氛围 | 0.525** | 0.554** | 0.665** | 0.832** | 0.773** | 1 | | | | |
| 性别 | 0.126 | 0.158 | 0.063 | 0.067 | 0.037 | 0.079 | 1 | | | |
| 年龄 | -0.093 | -0.059 | 0.029 | -0.048 | 0.004 | -0.025 | -0.205* | 1 | | |
| 教育程度 | 0.096 | 0.106 | -0.032 | 0.084 | 0.082 | 0.097 | -0.048 | -0.232** | 1 | |
| 幸福度 | -0.073 | -0.169* | -0.326** | -0.242** | -0.307** | -0.340** | -0.127 | 0.015 | -0.055 | 1 |
| 平均值 | 3.679 | 3.503 | 3.641 | 3.795 | 3.670 | 14.036 | 1.152 | 5.192 | 3.864 | 2.107 |
| 标准差 | 0.562 | 0.667 | 0.623 | 0.631 | 0.567 | 3.553 | 0.355 | 1.439 | 1.093 | 0.702 |

注：**、*分别表示在1%、5%水平上显著相关。

## 三、研究假设检验及结果

1. 以利用式创新为因变量

采用层次回归分析对研究假设进行检验，详细的检验结果如表7.6所示。

首先对主效应与中介效应进行检验，在控制了性别、年龄、教育程度、幸福度等控制变量的基础上主要进行了三次检验：一是以组织责任作为自变量，利用式创新作为因变量进行回归分析，结果显示组织责任对利用式创新有显著的正向影响（$M_4$，$\beta = 0.458$，$p < 0.001$）；二是以组织责任作为自变量，企业管理系统运营状况作为因变量进行回归分析，结果显示组织责任对企业管理系统运营状况有显著的正向影响（$M_2$，$\beta = 0.386$，$p < 0.001$）；三是以组织责任和企业管理系统运营状况作为自变量，利用式创新作为因变量进行回归分析，结果显示组织责任

企业劳资关系与双元创新能力：基于心理契约视角的实证研究

和企业管理系统运营状况对利用式创新均有显著的正向影响（$M_5$，$\beta_{组织责任}=0.394$，$p<0.001$；$\beta_{企业管理系统运营状况}=0.166$，$p<0.05$），并且模型 5 中自变量的回归系数（$\beta=0.394$）小于模型 4 中自变量的回归系数（$\beta=0.458$），说明企业管理系统运营状况在组织责任与利用式创新的关系中起着部分中介作用。本书 H1a 和 H3a 均得到验证。

表 7.6　假设检验结果表

| 解释变量 | | 因变量 | | | | | | |
|---|---|---|---|---|---|---|---|---|
| | | 企业管理系统运营状况 | | | 利用式创新 | | | |
| | | $M_1$ | $M_2$ | $M_3$ | $M_4$ | $M_5$ | $M_6$ | $M_7$ |
| 截距 | | 4.224*** | 2.691*** | 3.486*** | 1.666*** | 1.221* | 0.923 | 3.821** |
| 控制变量 | 性别 | 0.045 | 0.041 | 0.18 | 0.175 | 0.168 | 0.159 | 0.127 |
| | 年龄 | 0.013 | 0.009 | −0.019 | −0.024 | −0.025 | −0.021 | −0.024 |
| | 教育程度 | −0.024 | −0.038 | 0.045 | 0.028 | 0.034 | 0.021 | 0.022 |
| | 幸福度 | −0.289*** | −0.195** | −0.042 | 0.070 | 0.102 | 0.105 | 0.112 |
| 自变量 | 组织责任 | | 0.386*** | | 0.458*** | 0.394*** | 0.386*** | −0.398 |
| 中介变量 | 企业管理系统运营状况 | | | | | 0.166* | | |
| 调节变量 | 部门协作氛围 | | | | | | 0.254*** | −0.555 |
| 交互效应 | 组织责任×部门协作氛围 | | | | | | | 0.220* |
| $R^2$ | | 0.110 | 0.221 | 0.031 | 0.223 | 0.249 | 0.294 | 0.320 |
| F | | 4.238** | 7.728*** | 1.102 | 7.818*** | 7.477*** | 9.329*** | 8.995*** |
| $\Delta R^2$ | | 0.110 | 0.111 | 0.031 | 0.192 | 0.026 | 0.071 | 0.025 |
| $\Delta F$ | | 4.238** | 19.41*** | 1.102 | 33.633*** | 4.708* | 13.629*** | 4.961* |

注：***、**、*分别表示在 0.10%、1%、5% 水平上显著相关。

其次对调节效应进行检验，在控制了性别、年龄、教育程度、幸福度等控制变量的基础上进行了两次检验：一是以组织责任和部门协作氛围作为自变量，利用式创新作为因变量进行回归分析，结果显示组织责任和部门协作氛围对利用式创新均有显著的正向影响（$M_6$，$\beta_{组织责任}$ = 0.386，$p<0.001$；$\beta_{部门协作氛围}$ = 0.254，$p<0.001$）；二是以组织责任、部门协作氛围以及二者的交互项作为自变量，利用式创新作为因变量进行回归分析，结果显示组织责任与部门协作氛围的交互项对利用式创新有显著的正向影响（$M_7$，$\beta$ = 0.220，$p<0.05$），表明部门协作氛围越高，组织责任与利用式创新之间的正向关系就越强。因此，部门协作氛围在组织责任促进利用式创新中起着调节作用，H2a 得到验证。

为了更直观地呈现部门协作氛围在组织责任与利用式创新之间所起到的调节效应，本书分别取组织责任与部门协作氛围的平均数加减一个标准差的值代入回归模型中，其中部门协作氛围在组织责任和利用式创新之间的调节效应如图7.2所示。从图7.2可以看出，在高质量的部门协作氛围下，组织责任与利用式创新的正向关系比低质量部门协作氛围要强。

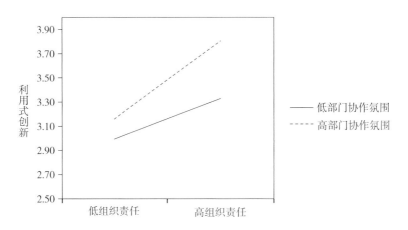

**图7.2 部门协作氛围在组织责任与利用式创新之间的调节效应**

**2. 以探索式创新为因变量**

采用层次回归分析对研究假设进行检验，详细的检验结果如表7.7所示。

首先，对主效应与中介效应进行检验，在控制了性别、年龄、教育

企业劳资关系与双元创新能力：基于心理契约视角的实证研究

程度、幸福度等控制变量的基础上主要进行了三次检验：一是以组织责任作为自变量，探索式创新作为因变量进行回归分析，结果显示组织责任对探索式创新有显著的正向影响（$M_4$，$\beta = 0.454$，$p < 0.001$）；二是以组织责任作为自变量，企业管理系统运营状况作为因变量进行回归分析，结果显示组织责任对企业管理系统运营状况有显著的正向影响（$M_2$，$\beta = 0.386$，$p < 0.001$）；三是以组织责任和企业管理系统运营状况作为自变量，探索式创新作为因变量进行回归分析，结果显示组织责任和企业管理系统运营状况对探索式创新均有显著的正向影响（$M_5$，$\beta_{组织责任} = 0.324$，$p < 0.001$；$\beta_{企业管理系统运营状况} = 0.336$，$p < 0.001$），并且模型 5 中自变量的回归系数（$\beta = 0.324$）小于模型 4 中自变量的回归系数（$\beta = 0.454$），说明企业管理系统运营状况在组织责任与探索式创新的关系中起着部分中介作用。H1b 和 H3b 均得到验证。

其次，对调节效应进行检验，在控制了性别、年龄、教育程度、幸福度等控制变量的基础上进行了两次检验：一是以组织责任和部门协作氛围作为自变量，探索式创新作为因变量进行回归分析，结果显示组织责任和部门协作氛围对探索式创新均有显著的正向影响（$M_6$，$\beta_{组织责任} = 0.345$，$p < 0.001$；$\beta_{部门协作氛围} = 0.382$，$p < 0.001$）；二是以组织责任、部门协作氛围以及二者的交互项作为自变量，探索式创新作为因变量进行回归分析，结果显示组织责任与部门协作氛围的交互项对探索式创新有显著的正向影响（$M_7$，$\beta = 0.301$，$p < 0.01$），表明部门协作氛围越高，组织责任与探索式创新之间的正向关系就越强。因此，部门协作氛围在组织责任促进探索式创新中起着调节作用，H2b 得到验证。

表 7.7　假设检验结果表

| 解释变量 | 因变量 | | | | | | |
|---|---|---|---|---|---|---|---|
| | 企业管理系统运营状况 | | | 探索式创新 | | | |
| | $M_1$ | $M_2$ | $M_3$ | $M_4$ | $M_5$ | $M_6$ | $M_7$ |
| 截距 | $4.224^{***}$ | $2.691^{***}$ | $3.245^{***}$ | $1.442^{*}$ | $0.538^{***}$ | $0.326$ | $4.294^{**}$ |

续表

| 解释变量 | | 因变量 | | | | | | |
|---|---|---|---|---|---|---|---|---|
| | | 企业管理系统运营状况 | | | 探索式创新 | | | |
| | | $M_1$ | $M_2$ | $M_3$ | $M_4$ | $M_5$ | $M_6$ | $M_7$ |
| 控制变量 | 性别 | 0.045 | 0.041 | 0.27* | 0.265 | 0.251 | 0.241 | 0.197 |
| | 年龄 | 0.013 | 0.009 | -0.002 | -0.06 | -0.009 | -0.002 | -0.007 |
| | 教育程度 | -0.024 | -0.038 | 0.063 | 0.046 | 0.059 | 0.036 | 0.038 |
| | 幸福度 | -0.289*** | -0.195** | -0.138 | -0.027 | 0.039 | 0.027 | 0.036 |
| 自变量 | 组织责任 | | 0.386*** | | 0.454*** | 0.324*** | 0.345*** | -0.728 |
| 中介变量 | 企业管理系统运营状况 | | | | | 0.336*** | | |
| 调节变量 | 部门协作氛围 | | | | | | 0.382*** | -0.726 |
| 交互效应 | 组织责任×部门协作氛围 | | | | | | | 0.301** |
| | $R^2$ | 0.11 | 0.221 | 0.058 | 0.192 | 0.269 | 0.306 | 0.340 |
| | F | 4.238** | 7.728*** | 2.117 | 6.468*** | 8.267*** | 9.929*** | 9.848*** |
| | $\Delta R^2$ | 0.11 | 0.111 | 0.058 | 0.134 | 0.077 | 0.114 | 0.034 |
| | $\Delta F$ | 4.238** | 19.41*** | 2.117 | 22.541*** | 14.135*** | 22.191*** | 6.803*** |

注：***、**、*分别表示在0.10%、1%、5%水平上显著相关。

为了更直观地呈现部门协作氛围在组织责任与探索式创新之间所起到的调节效应，分别取组织责任与部门协作氛围的平均数加减一个标准差的值代入回归模型中，其中部门协作氛围在组织责任和探索式创新之间的调节效应如图7.3所示。从图7.3可以看出，在高质量的部门协作氛围下，组织责任与探索式创新的正向关系比低质量部门协作氛围下要强。

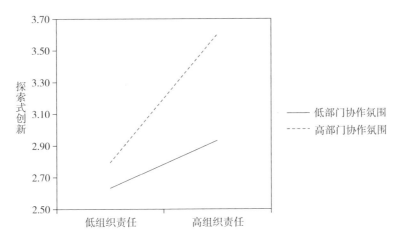

图 7.3　部门协作氛围在组织责任与探索式创新之间的调节效应

# 第四节　讨　论

## 一、研究结论

　　本书从心理契约视角出发，探索企业劳资关系与双元创新能力之间的关系及其具体影响路径。通过对国内 115 家企业的管理者进行问卷调查发现，组织责任对企业的利用式创新与探索式创新都具有显著的正向影响，企业管理系统运营状况在组织责任和利用式创新之间起到完全中介作用，而企业管理系统运营状况在组织责任和探索式创新之间起到部分中介作用。与此同时，部门协作氛围在组织责任与企业双元创新之间具有调节作用，与低部门协作氛围相比，在高部门协作氛围下，组织责任对企业双元创新的正向影响更为显著。

## 二、理论贡献

本书将心理契约的研究视角引入企业劳资关系与双元创新能力的研究框架中，体现了劳资双方在关系维护过程中的动态变化和内心感知，进一步完善了大量基于法律逻辑视角的既有研究存在的不足和缺陷，使得心理契约成为展现企业劳资关系真实状况的又一理论基础和研究视角。

另外，本书采用实证研究的方法对组织责任与探索式创新、利用式创新的关系进行了研究。在现有研究中，关于劳资关系与双元创新的关系探讨，多数采用非实证研究的方法，而本书尝试采用实证研究的方法对两者的关系进行初步验证，另外有研究检验了创新能力在人力资源管理系统与组织绩效之间的中介作用，这一研究结论表明人力资源管理在组织的创新活动中扮演着不可或缺的角色（刘善仕等，2007），这也与本书的研究结论一致。

## 三、管理启示

本书为构建双元创新能力特别是那些注重企业双元创新能力的企业提供了更丰富的理论依据和实践指导。

首先，组织责任对企业双元创新能力的影响需要通过企业管理系统运营状况这一中介变量得以实现。据此可知，如果企业想要有效开展双元创新工作，资方及其管理者的首要任务便是积极承担更多的、超出员工期望的组织责任，并通过企业管理系统来保证组织责任的有效落实。另外，当员工感知到企业所承担的组织责任时，他们会被激发出更多的工作积极性，从而有效促进企业双元创新工作的开展。

其次，部门协作氛围在组织责任与企业双元创新的开展中具有调节作用。部门协作氛围越高，组织责任对于企业双元创新的影响就越显著。因此，企业要想获得良好的双元创新绩效，便要努力实现部门间的通力协作，在企业内部的各部门之间实现无障碍的信息沟通，努力实现共同的市场目标并且共享资源。

## 四、研究不足与未来的研究方向

诚然，本书也存在一些不足：一是所收集的数据是多个企业的管理者在某一个时间截面的感知和评价，并没有对数据进行追踪采集，难以观测到基于心理契约视角下企业劳资关系的动态变化；二是尽管本书证实企业双元创新能力需要以企业履行组织责任为前提条件，但是本书并没有具体分析到底是哪一维度的组织责任对企业双元创新能力的影响最为关键。上述两点既是本书的不足之处，也为未来的企业劳资关系与双元能力的关系探讨指出了研究方向。

# 第八章　总结与展望

## 第一节　研究总结

　　本书围绕企业劳资关系与双元创新能力关系这一核心问题，在系统梳理企业劳资关系相关研究与企业双元创新能力研究的基础上，以心理契约理论为研究视角深入探讨企业劳资关系与双元创新能力之间的关系。为进一步揭示劳资关系与双元创新能力之间的关系，本书还探讨了劳资关系在工作嵌入的情境下如何影响企业的双元创新能力构建，并重点基于心理契约视角分别用案例分析法和定量分析法考察了企业劳资关系与双元创新能力的关系。

　　首先，本书系统梳理企业双元创新的有关文献，较为深入地捋清了利用式创新与探索式创新的概念及分别与组织学习、创业企业、管理创新、竞争优势和成功陷阱等的关系，并将利用式创新与探索式创新进行对比分析，总结出国内外相关研究主要就利用式创新与探索式创新之间的平衡管理机制、竞争效应和互补效应展开研究。在此基础上，深入研究了双元组织的双元性及其影响因素。

　　其次，本书在分析新形势下我国企业劳资关系发展趋势及内涵的基础上，剖析劳资关系与工作嵌入的关系，提出劳资关系会对企业双元创新产生影响，而工作嵌入是重要的中介变量。此处，将企业劳资关系划分为契约型劳资关系和合作型劳资关系，相比之下，合作型劳资关系能够更好地促进企业双元创新的平衡与发展。而企业也应当根据自身在其价值链中的位置来选择和改善劳资关系。另外，企业须重视两种创新的平衡。

最后，本书分别用案例研究与定量研究两种方法考察了基于心理契约视角的企业劳资关系与双元创新能力的关系问题（定量研究所用的测量量表见附录）。先是以海底捞及其员工为样本案例，回顾整理该企业劳资双方组织责任和员工责任履行情况，从生存阶段、规范管理阶段、精细化管理阶段和管理整合阶段探讨企业劳资关系与双元创新能力的动态关系。研究发现，人们常常习惯于将企业双元创新能力归功于最高管理者，而忽视组织层面的创新主体不仅包括代表资方的最高管理者以及专门负责研发的人员，还应考虑人数占比较大的处于不同岗位的普通员工及中层和基层管理者。此外，企业的双元创新能力并非呈线性上升的态势，而是受到不同发展阶段的影响。一方面，随着海底捞在整个发展过程中组织责任的日趋完善，相应的员工所承担的员工责任也逐渐增多。另一方面，在生存阶段企业以探索式创新为主，进入规范化管理阶段则以利用式创新居多，而到了精细化管理阶段则又以探索式创新为主，到整合管理阶段则是两种创新基本平衡的状态。然后，本书从心理契约视角出发，探索企业劳资关系与双元创新能力之间的关系及其具体影响路径。通过对国内 142 家企业的有关管理者进行问卷调查，本书发现，组织责任对企业的利用式创新与探索式创新都有显著的正向影响。其中，企业管理系统运营状况在组织责任和利用式创新之间起到完全中介作用，而企业管理系统运营状况在组织责任和探索式创新之间起到部分中介作用；部门协作氛围在组织责任与企业双元创新的开展中起到调节作用，而且相较于低水平的部门协作氛围，在高水平的部门协作氛围下，组织责任对企业双元创新的正向影响更显著。

# 第二节　理论和实践意义

本书的理论贡献主要体现在以下四个方面：

第一，国内现有关于企业劳资关系的文献几乎都是仅就劳资关系问题进行探索和研究，从不同的视角来看待企业劳资关系。然而，本书则将目光锁定在企业劳资关系对企业双元创新能力构建的影响上。这对企业劳资关系领域的理论研究有所扩展，不再单单将企业劳资关系作为一个结果变量来看待，而是探讨它作为前因变量是如何来影响企业的双元创新能力的。这个问题在劳资关系研究领域和创新管理研究领域都处于空白，本书对这一重要问题进行了深入探索。

第二，工作嵌入是当今企业界和学术界讨论的一个重要话题。本书试图从理论方面演绎出企业劳资关系、工作嵌入与企业双元创新能力之间的关系，这是一项对于企业劳资关系与企业双元创新能力之间关系的尝试性研究，为劳资关系与创新管理的关系研究寻找到了一个理论切入点，搭建起了这两大研究领域的沟通桥梁。

第三，本书基于心理契约视角，通过对海底捞及其员工进行单案例研究，深入剖析伴随着企业的成长，企业劳资关系是如何影响企业双元创新能力的构建的。从某种意义上来说，这项研究是对企业劳资关系如何影响企业双元创新能力的问题上展开动态化研究，为该问题的研究引入了新方法和新视角。

第四，本书将心理契约的研究视角引入企业劳资关系与双元创新能力的研究框架中，体现了劳资双方在关系维护过程中的动态变化和内心感知，进一步完善了大量基于法律逻辑视角的既有研究中存在的不足和缺陷，从而使得心理契约成为展现企业劳资关系真实状况的理论基础和研究视角。另外，本书采用实证研究的方法对组织责任与探索式创新、利用式创新的关系进行了研究。基于劳资关系前因的企业双元创新研究，大多采用非实证研究方法，而本书尝试采用实证研究的方法对两者的关系进行初步验证，另外有研究检验了创新能力在人力资源管理系统与组织绩效之间起到的中介作用，已初步证明了人力资源管理在组织的创新活动中扮演着不可或缺的角色（刘善仕等，2007），这也与本书的研究结论相一致。企业劳资关系的量化研究是企业劳资关系研究领域的一个难点，一般都会想到采用类似于"企业劳资关系和谐程度"这样简化而笼统的题项去测量，或者采用某种企业劳资关系评价体系去测量，但这些做法对揭示企业劳资关系对企业双元创新能力影响机制收效甚微，没有考虑到企业劳资关系是出于员工和管理者真真切切的心理感受，并借助这种心理感受建立互动机制，从而研究企业劳资关系是如何影响企业双元创新能力的问题。

本书的实践意义主要体现在以下四方面：

第一，资方应重视企业劳资关系的建设问题。通过本书的研究可知，企业劳资关系状况会对企业双元创新能力的构建产生影响。尤其是在当前急剧变化的时代，创新是企业应对变化的重要手段。

第二，资方在看待劳资关系问题上，要跳出与员工彼此对立的固有立场和传统视角，因为企业管理无外乎管人与管事，而事最需要人去执行，所以关键是要把人管好。因此，"把人管好"是劳资关系管理的重要内容。总体来说，相较于其他类型的劳资关系，合作型劳资关系更能将组织当中的人凝聚起来。

第三，本书的研究结果表明，企业在劳资关系方面的努力都必须实实在在地触达员工心灵，只有这样才能提升企业的双元创新能力。将企业组织对员工的"尽责"有效转化为员工对企业的"尽责"，形成良好的劳资互动机制。

第四，企业劳资关系与企业双元创新能力之间的关系会随着企业成长过程而发生变化，也就是说企业的不同发展阶段，企业劳资关系与企业双元创新能力的表现会有所不同。因此，企业要结合其所处的发展阶段考虑劳资关系及双元创新能力的构建问题。

# 第三节　研究不足及未来展望

当然，本书也存在一些不足，这些不足之处也正是未来的研究方向。

第一，由于我国正处于经济转轨期，经济体制改革不断深化，经济成分也较为复杂。不同所有制企业的劳资关系状况也有所不同，企业创新能力良莠不齐。本书未能对企业性质进行分类研究，未来可以考虑根据不同的企业性质分类探讨劳资关系对企业双元创新能力的影响。

第二，本书的定量研究，采用的衡量企业劳资关系的做法是基于现有研究发展出来的一种研究思路，未来可考虑衡量企业劳资关系的其他思路和做法。

第三，本书从心理契约视角为探讨企业劳资关系与企业双元创新之间的关系提供了着眼点，在一定程度上，有效弥合了理论界长期以来未曾鞭辟入里地针对这两者关系进行探讨的缺口。然而，本书只从心理契约一个视角来对企业劳资关系与企业双元创新能力关系进行研究，今后可以尝试将更多的研究视角引入其中，逐步构建起一个更为全面的理论框架。

第四，本书没有考虑组织情境因素、领导因素等有可能进一步揭示企业劳资关系与企业双元创新能力关系的影响因素，以后可以尝试对这些因素进行探索。

第五，本书仅选取了海底捞及其员工作为典型案例进行单案例研究，虽然案例选取具有一定的典型性，但是国内企业的组织结构及其管理实践多种多样、特色各异，下一步需选择更多其他行业的典型案例进行研究，进一步论证上述研究结论。

# 参考文献

[1] Ackers P. Back to Basics? Industrial Relations and the Enterprise Culture [J]. Employee Relations, 1994, 16 (8): 32-47.

[2] Agostini L., Nosella A., Filippini R. Towards an Integrated View of the Ambidextrous Organization: A Second - order Factor Model [J]. Creativity and Innovation Management, 2016, 25 (1): 129-141.

[3] Ahmad I., Zafar M. A. Impact of Psychological Contract Fulfillment on Organizational Citizenship Behavior: Mediating Role of Perceived Organizational Support [J]. International Journal of Contemporary Hospitality Management, 2018, 30 (3): 1001-1015.

[4] Ahuja G., Lampert C. M. Entrepreneurship in the Large Corporation: A Longitudinal Study of How Established Firms Create Breakthrough Inventions [J]. Strategic Management Journal, 2001, 22 (6-7): 521-543.

[5] Ali D., Paul B., Raymond A. Industrial Relations Climate: Testing a Construct [J]. Journal of Occupational Psychology, 1989, 62 (1): 21-32.

[6] Andriopoulos C., Lewis M. W. Exploitation-exploration Tensions and Organizational Ambidexterity: Managing Paradoxes of Innovation [J]. Organization Science, 2009, 20 (4): 696-717.

[7] Argyris C. Some Problems in Conceptualizing Organizational Climate: A Case Study of a Bank [J]. Administrative Science Quarterly, 1958, 2 (4): 501-520.

[8] Arnold J. The Psychological Contract: A Concept in Need of Closer Scrutiny? [J]. European Journal of Work & Organizational Psychology, 2008, 5 (4): 511-520.

[9] Auh S., Menguc B. Balancing Exploration and Exploitation: The Moderating Role of Competitive Intensity [J]. Journal of Business Research, 2005, 58 (12): 1652-1661.

[10] Bauer T. N., Bodner T., Erdogan B., et al. Newcomer Adjustment during Organizational Socialization: A Meta-analytic Review of Antecedents, Outcomes, and Methods [J]. Journal of Applied Psychology, 2007, 92 (3): 707-721.

[11] Benner M. J., Tushman M. L. Exploitation, Exploration, and Process Management: The Productivity Dilemma Revisited [J]. Academy of Management Review, 2003, 28 (2): 238-256.

[12] Benner M. J., Tushman M. Process Management and Technological Innovation: A Longitudinal Study of the Photography and Paint Industries [J]. Administrative Science Quarterly, 2002, 47 (47): 676-707.

[13] Bennett R. Employee Relations [M]. New York: Pearson Education Inc., 1997.

[14] Bierly E. P., Damanpour F., Santoro D. M. The Application of External Knowledge: Organizational Conditions for Exploration and Exploitation [J]. Journal of Management Studies, 2009, 46 (3): 481-509.

[15] Birkinshaw J., Hamel G., Mol M. J. Management Innovation [J]. Academy of Management Review, 2008, 33 (4): 825-845.

[16] Blanchard O., Philippon T. The Quality of Labor Relations and Unemployment [R]. National Bureau of Economic Research, 2004.

[17] Bradley K., Gelb A. Cooperative Labour Relations: Mondragon's Response to Recession [J]. British Journal of Industrial Relations, 1987, 25 (1): 77-97.

[18] Brady T., Davies A. Building Project Capabilities: From Exploratory to Exploitative Learning [J]. Organization Studies, 2004, 25 (9): 1601-1621.

[19] C. Annique U. N. Managing the Innovators for Exploration and Exploitation [J]. Journal of Technology Management & Innovation, 2007, 2

（3）：4-21.

［20］Chang Y. Y., Hughes M. Drivers of Innovation Ambidexterity in Small-to Medium-sized Firms ［J］. European Management Journal, 2012, 30（1）：1-17.

［21］Chebbi H., Yahiaoui D., Vrontis D., et al. Building Multiunit Ambidextrous Organizations—A Transformative Framework ［J］. Human Resource Management, 2015, 54（S1）：155-177.

［22］Cohen A., Kirchmeyer C. A Multidimensional Approach to the Relation between Organizational Commitment and Nonwork Participation ［J］. Journal of Vocational Behavior, 1995, 46（2）：189-202.

［23］Coyle Shapiro J., Kessler I. Consequences of the Psychological Contract for the Employment Relationship：A Large Scale Survey ［J］. Journal of Management Studies, 2000, 37（7）：903-930.

［24］Crump N., Costea B., Amiridis K. In Pursuit of the Ambidextrous Graduate：Potentiality between Exploration and Exploitation ［J］. Journal of Material Cycles & Waste Management, 2012, 11（1）：23-26.

［25］Dastmalchian A. Environmental Characteristics and Organizational Climate：An Exploratory Study ［J］. Journal of Management Studies, 1986, 23（6）：609-633.

［26］Deery S. J., Iverson R. D. Labor-management Cooperation：Antecedents and Impact on Organizational Performance ［J］. Industrial & Labor Relations Review, 2005, 58（4）：588-609.

［27］Duncan R. B. The Ambidextrous Organization：Designing Dual Structures for Innovation ［J］. Management of Organization Design, 1976（6）：167-188.

［28］Duysters G., Vanhaverbeke W., Beerkens B., et al. Exploration and Exploitation in Technology-based Alliance Networks ［J］. Academy of Management Annual Meeting Proceedings, 2007（1）：1-6.

［29］Ebben J. J., Johnson A. C. Efficiency, Flexibility, or Both? Evidence Linking Strategy to Performance in Small Firms ［J］. Strategic Management Journal, 2005, 26 (13): 1249-1259.

[30] Edmondson A. C. The Local and Variegated Nature of Learning in Organizations: A Group - level Perspective [J]. Organization Science, 2002, 13 (2): 128-146.

[31] Elfstrom M., Kuruvilla S. The Changing Nature of Labor Unrest in China [J]. Industrial & Labor Relations Review, 2014, 67 (2): 453-480.

[32] Elizabeth, et al. When Employees Feel Betrayed: A Model of How Psychological Contract Violation Develops [J]. Academy of Management Review, 1997, 22 (1): 226-256.

[33] Feldman D. C., Bolino M. C. Career within Careers: Reconceptualizing the Nature of Career Anchors and Their Consequences [J]. Human Resource Management Review, 1996, 6 (2): 89-112.

[34] Friedman E., Lee C. K. Remaking the World of Chinese Labour: A 30-year Retrospective [J]. British Journal of Industrial Relations, 2010, 48 (3): 507-533.

[35] Gärtner T. Exploration, Exploitation, and Innovative Performance: Analysis of Medium, Small, and Micro Firms [D]. Italy: University of Trento, 2009.

[36] Geoffrey P. L. Resolving the Capability-rigidity Paradox in New Product Innovation [J]. Journal of Product Innovation Management, 2006, 23 (3): 289-291.

[37] Gibson C. B., Birkinshaw J. The Antecedents, Consequences, and Mediating Role of Organizational Ambidexterity [J]. Academy of Management Journal, 2004, 47 (2): 209-226.

[38] Groysberg B., Nanda A., Nohria N. The Risky Business of Hiring Stars [J]. Harvard Business Review, 2004, 82 (5): 92-100.

[39] Gupta A. K., Smith K. G., Shalley C. E. The Interplay between Exploration and Exploitation [J]. Academy of Management Journal, 2006, 49 (4): 693-706.

［40］ Hagedoorn J., Duysters G. Learning in Dynamic Inter-firm Networks: The Efficacy of Multiple Contacts ［J］. Organization Studies, 2002, 23 (4): 525-548.

［41］ Heaton N., Mason B., Morgan J. Partnership and Multi-unionism in the Health Service ［J］. Industrial Relations Journal, 2002, 33 (2): 112-126.

［42］ He Z. L., Wong P. K. Exploration vs. Exploitation: An Empirical Test of the Ambidexterity Hypothesis ［J］. Organization Science, 2004, 15 (4): 481-494.

［43］ Hill C. W. L., Rothaermel F. T. The Performance of Incumbent Firms in the Face of Radical Technological Innovation ［J］. Academy of Management Review, 2003, 28 (2): 257-274.

［44］ Holtom B. C., Mitchell T. R., Lee T. W. Increasing Human and Social Capital by Applying Job Embeddedness Theory ［J］. Organizational Dynamics, 2006, 35 (4): 316-331.

［45］ Hom P. W., Tsui A. S., Wu J. B., et al. Explaining Employment Relationships with Social Exchange and Job Embeddedness ［J］. Journal of Applied Psychology, 2009, 94 (2): 277-297.

［46］ Hough B., Spowarttaylor A. Realising "Partnership" in Employment Relations: Some Legal Obstacles ［J］. Kings Law Journal, 2002, 13 (2): 149-172.

［47］ Hughes M., Martin S. L., Morgan R. E., et al. Realizing Product-market Advantage in High-technology International New Ventures: The Mediating Role of Ambidextrous Innovation ［J］. Journal of International Marketing, 2010, 18 (4): 1-21.

［48］ Hurley R. F. Innovation, Market Orientation, and Organizational Learning: An Integration and Empirical Examination ［J］. Journal of Marketing a Quarterly Publication of the American Marketing Association, 1998, 62 (3): 42-54.

［49］ Jansen J. P. J., Van den Bosch A. J. F., Volberda W. H. Exploratory Innovation, Exploitative Innovation, and Performance: Effects of Organizational Antecedents and Environmental Moderators [J]. Erim Report, 2006, 52 (11): 1661-1674.

[50] Jansen J. P. J., Simsek Z., Cao Q. Ambidexterity and Performance in Multiunit Contexts: Cross-level Moderating Effects of Structural and Resource Attributes [J]. Strategic Management Journal, 2012, 33 (11): 1286-1303.

[51] Jansen J. P. J., Tempelaar P. M., Van den Bosch A. J. F., et al. Structural Differentiation and Ambidexterity: The Mediating Role of Integration Mechanisms [J]. Organization Science, 2009, 20 (4): 797-811.

[52] Jansen J. P. J., Van den Bosch A. J. F., Volberda W. H. Exploratory Innovation, Exploitative Innovation, and Ambidexterity: The Impact of Environmental and Organizational Antecedents [J]. Social Science Electronic Publishing, 2005, 57 (4): 351-363.

[53] Jardat R., Rozario P. D. Psychological Contracts in Organizations Understanding Written and Unwritten Agreements [J]. Society & Business Review, 1995, 43 (1): 184-186.

[54] Johnson E. J., Steffel M., Goldstein D. G. Making Better Decisions: From Measuring to Constructing Preferences [J]. Health Psychology Official Journal of the Division of Health Psychology American Psychological Association, 2005, 24 (4): 17-22.

[55] Kang S. C., Morris S. S., Snell S. A. Relational Archetypes, Organizational Learning, and Value Creation: Extending the Human Resource Architecture [J]. Academy of Management Review, 2007, 32 (1): 236-256.

[56] Kao Y. L., Chen C. F. Antecedents, Consequences and Moderators of Ambidextrous Behaviours among Frontline Employees [J]. Management Decision, 2016, 54 (8): 1846-1860.

[57] Katila R., Ahuja G. Something Old, Something New: A Longitudinal Study of Search Behavior and New Product Introduction [J]. Academy

of Management Journal, 2002, 45 (6): 1183-1194.

[58] Katz H. C., Kochan T. A., Gobeille K. R. Industrial Relations Performance, Economic Performance, and QWL Programs: An Interplant Analysis [J]. Industrial & Labor Relations Review, 1983, 37 (1): 3-17.

[59] Kaufman B. E. Paradigms in Industrial Relations: Original, Modern and Versions in-between [J]. British Journal of Industrial Relations, 2008, 46 (2): 314-339.

[60] Kim C., Song J., Nerkar A. Learning and Innovation: Exploitation and Exploration Trade-offs [J]. Journal of Business Research, 2012, 65 (8): 1189-1194.

[61] Kochan T. A., Adler P. S., Mckersie R. B., et al. The Potential and Precariousness of Partnership: The Case of the Kaiser Permanente Labor Management Partnership [J]. Human Resource Management, 2008, 47 (5): 36-65.

[62] Kogut B., Zander U. Knowledge of the Firm, Combinative Capabilities, and the Replication of Technology [J]. Organization Science, 1992, 3 (3): 383-397.

[63] Kollmann T., Stockmann C. Antecedents of Strategic Ambidexterity: Effects of Entrepreneurial Orientation on Exploratory and Exploitative Innovations in Adolescent Organisations [J]. International Journal of Technology Management, 2010, 52 (1-2): 153-174.

[64] Kortmann S., Gelhard C., Zimmermann C., et al. Linking Strategic Flexibility and Operational Efficiency: The Mediating Role of Ambidextrous Operational Capabilities [J]. Journal of Operations Management, 2014, 32 (7-8): 475-490.

[65] Kostopoulos K. C., Bozionelos N. Team Exploratory and Exploitative Learning: Psychological Safety, Task Conflict, and Team Performance [J]. Group & Organization Management: An International Journal, 2011, 36 (3): 385-415.

[66] Krzywdzinski M. Between Europe and Asia: Labour Relations in

German Companies in Russia and China ［M］. Berlin：Springer Berlin Heidelberg，2014.

［67］Lavie D.，Rosenkopf L. Balancing Exploration and Exploitation in Alliance Formation ［J］. Academy of Management Journal，2006，49（4）：797-818.

［68］Lavie D.，Stettner U.，Tushman M. L. Exploration and Exploitation within and across Organizations ［J］. Academy of Management Annals，2010，4（1）：109-155.

［69］Lee C. K.，Shen Y. China the Paradox and Possibility of a Public Sociology of Labor ［J］. Work and Occupations，2009，36（2）：110-125.

［70］Lee J.，Lee D. R. Labor-Management Partnership at Korean Firms：Its Effects on Organizational Performance and Industrial Relations Quality ［J］. Personnel Review，2009，38（4）：432-452.

［71］Lee J. Company and Union Commitment：Evidence from an Adversarial Industrial Relations Climate at a Korean Auto Plant ［J］. The International Journal of Human Resource Management，2004，15（8）：1463-1480.

［72］Lee J.，Lee H. Exploration and Exploitation in the Presence of Network Externalities ［J］. Informs Journals，2003（7）.

［73］Lee T. W.，Maurer S. D. The Effects of Family Structure on Organizational Commitment，Intention to Leave and Voluntary Turnover ［J］. Journal of Managerial Issues，1999，11（4）：493-513.

［74］Lee T. W.，Mitchell T. R.，Sablynski C. J.，et al. The Effects of Job Embeddedness on Organizational Citizenship，Job Performance，Volitional Absences，and Voluntary Turnover ［J］. Academy of Management Journal，2004，47（5）：711-722.

［75］Levitt B.，March J. G. Organizational Learning ［J］. Annual Review of Sociology，1988，14（14）：319-340.

［76］Levinthal D. A.，March J. G. The Myopla of Learning ［J］. Strategic Management Journal，1993，14（S2）：95-112.

［77］Lewin A. Y.，Long C. P.，Carroll T. N. The Coevolution of New

Organizational Forms ［J］. Informs Journals, 1999 (6).

［78］ Lewis P., Thornhill A., Saunders M. Employee Relations: Understanding the Employment Relationship ［M］. New York: Pearson Education, 2003.

［79］ Lichtenthaler U. Absorptive Capacity, Environmental Turbulence, and the Complementarity of Organizational Learning Processes ［J］. Academy of Management Journal, 2009, 52 (4): 822-846.

［80］ Lin C., Chang C. C. A Patent-based Study of the Relationships among Technological Portfolio, Ambidextrous Innovation, and Firm Performance ［J］. Technology Analysis & Strategic Management, 2015, 27 (10): 1193-1211.

［81］ Lin H. E., McDonough Ⅲ F. E., Lin S. J., et al. Managing the Exploitation/Exploration Paradox: The Role of a Learning Capability and Innovation Ambidexterity ［J］. Journal of Product Innovation Management, 2013, 30 (2): 262-278.

［82］ Liu M. Union Organizing in China: Still a Monolithic Labor Movement? ［J］. Industrial & Labor Relations Review, 2010, 64 (1): 30-52.

［83］ Looy B. V., Martens T., Debackere K. Organizing for Continuous Innovation: On the Sustainability of Ambidextrous Organizations ［J］. Creativity and Innovation Management, 2005, 14 (3): 208-221.

［84］ Lumpkin G. T., Dess G. G. Linking Two Dimensions of Entrepreneurial Orientation to Firm Performance: The Moderating Role of Environment and Industry Life Cycle ［J］. Journal of Business Venturing, 2001, 16 (5): 429-451.

［85］ Mahmoudjouini S. B., Charueduboc F., Fourcade F. Multilevel Integration of Exploration Units: Beyond the Ambidextrous Organization ［C］. Academy of Management Meeting, 2007.

［86］ March J. G. Continuity and Change in Theories of Organizational Action ［J］. Administrative Science Quarterly, 1996, 41 (2): 278-287.

［87］ March J. G. Exploration and Exploitation in Organizational

Learning〔J〕. Organization Science，1991，2（1）：71-87.

〔88〕Martin G.，Pate J.，Beaumont P.，et al. The Uncertain Road to Partnership〔J〕. Employee Relations，2003，25（6）：594-612.

〔89〕Martinperez V. Does HRM Generate Ambidextrous Employees for Ambidextrous Learning? The Moderating Role of Management Support〔J〕. The International Journal of Human Resource Management，2015，26（5）：589-615.

〔90〕Menguc B.，Auh S. The Asymmetric Moderating Role of Market Orientation on the Ambidexterity-firm Performance Relationship for Prospectors and Defenders〔J〕. Industrial Marketing Management，2008，37（4）：455-470.

〔91〕Meyer J. P.，Smith C. A. HRM Practices and Organizational Commitment：Test of a Mediation Model〔J〕. Canadian Journal of Administrative Sciences，2000，17（4）：319-331.

〔92〕Miles R. E.，Snow C. C.，Meyer A. D.，et al. Organizational Strategy，Structure，and Process〔J〕. Academy of Management Review Academy of Management，1978，3（3）：546-562.

〔93〕Mitchell T. R.，Holtom B. C.，Lee T. W.，et al. Why People Stay：Using Job Embeddedness to Predict Voluntary Turnover〔J〕. Academy of Management Journal，2001，44（6）：1102-1121.

〔94〕Mohan Subramaniam，Mark A. Youndt. The Influence of Intellectual Capital on the Types of Innovative Capabilities〔J〕. Academy of Management Journal，2005，48（3）：450-463.

〔95〕Mom T. J. M.，Bosch F. A. J. V.，Volberda H. W. Investigating Managers' Exploration and Exploitation Activities：The Influence of Top-down，Bottom-up，and Horizontal Knowledge Inflows〔J〕. Journal of Management Studies，2007，44（6）：910-931.

〔96〕Mom T. J. M.，Fourné S. P. L.，Jansen J. J. P. Managers' Work Experience，Ambidexterity，and Performance：The Contingency Role of the Work Context〔J〕. Human Resource Management，2015，54（S1）：

133-153.

［97］ Morrison E. W., Robinson S. L. When Employees Feel Betrayed: A Model of How Psychological Contract Violation Develops ［J］. Academy of Management Review, 1997, 22 (1): 226-256.

［98］ Mumford M. D. Managing Creative People: Strategies and Tactics for Innovation ［J］. Human Resource Management Review, 2000, 10 (3): 313-351.

［99］ Nahapiet J., Ghoshal S. Social Capital, Intellectual Capital, and the Organizational Advantage ［J］. Academy of Management Review, 1998, 23 (2): 242-266.

［100］ Nicholson N. Industrial Relations Climate: A Case Study Approach ［J］. Personnel Review, 1979, 8 (3): 20-25.

［101］ O'Reilly A. C., Tushman L. M. The Ambidextrous Organization ［J］. Harvard Business Review, 2004, 82 (4): 74-81.

［102］ O'Reilly A. C., Tushman L. M. Organizational Ambidexterity in Action: How Managers Explore and Exploit ［J］. California Management Review, 2011, 53 (4): 5-22.

［103］ Oshri I., Pan S. L., Newell S. Trade-offs between Knowledge Exploitation and Exploration Activities ［J］. Knowledge Management Research & Practice, 2005, 3 (1): 10-23.

［104］ Pembroke Neil. Partnership in the Workplace: Covenant and Management-labour Relations ［J］. International Journal of Practical Theology, 2008, 12 (2): 242-255.

［105］ Popadić M., Černe M., Milohnić I. Organizational Ambidexterity, Exploration, Exploitation and Firms Innovation Performance ［J］. Organizacija, 2015, 48 (2): 112-119.

［106］ Popadiuk S. Scale for Classifying Organizations as Explorers, Exploiters or Ambidextrous ［J］. International Journal of Information Management, 2012, 32 (1): 75-87.

［107］ Prestholdt P. H., Lane I. M., Mathews R. C. Nurse Turnover as Reasoned Action: Development of a Process Model [J]. Journal of Applied Psychology, 1987, 72 (2): 221-227.

[108] Raisch S., Birkinshaw J. Organizational Ambidexterity: Antecedents, Outcomes, and Moderators [J]. Journal of Management: Official Journal of the Southern Management Association, 2008, 34 (3): 375-409.

[109] Ramachandran I., Lengnickhall C. A., Badrinarayanan V. What We Know & What We Seek: Strategic Orientation, Knowledge Stock, Ambidexterity and Performance [C]. 2014.

[110] Randall C., Edelman L. F., Galliers R. Losing Balance: Trade-offs between Exploration and Exploitation Innovation [J]. Exploration and Exploitation in Early Stage Ventures and SMEs, 2014 (4).

[111] Rd O. C., Tushman M. L. The Ambidextrous Organization [J]. Harvard Business Review, 2004, 82 (4): 74-81, 140.

[112] Robinson S. L., Rousseau D. M. Violating the Psychological Contract: Not the Exception but the Norm [J]. Journal of Organizational Behavior, 1994, 15 (3): 245-259.

[113] Robson M. J., Katsikeas C. S., Bello D. C. Drivers and Performance Outcomes of Trust in International Strategic Alliances: The Role of Organizational Complexity [J]. Organization Science, 2008, 19 (4): 647-665.

[114] Rothaermel F. T., Alexandre M. T. Ambidexterity in Technology Sourcing: The Moderating Role of Absorptive Capacity [J]. Organization Science, 2009, 20 (4): 759-780.

[115] Rothaermel F. T., Deeds D. L. Exploration and Exploitation Alliances in Biotechnology: A System of New Product Development [J]. Strategic Management Journal, 2004, 25 (3): 201-221.

[116] Rousseau D. M. New Hire Perceptions of Their Own and Their Employer's Obligations: A Study of Psychological Contracts [J]. Journal of Organizational Behavior, 1990, 11 (5): 389-400.

[117] Rousseau D. M. Psychological and Implied Contracts in Organi-

zations [J]. Employee Responsibilities & Rights Journal, 1989, 2 (2): 121-139.

[118] Russo A., Vurro C. Cross-boundary Ambidexterity: Balancing Exploration and Exploitation in the Fuel Cell Industry [J]. European Management Review, 2010, 7 (1): 30-45.

[119] Sekiguchi T., Burton J. P., Sablynski C. J. The Role of Job Embeddedness on Employee Performance: The Interactive Effects with Leader-member Exchange and Organizaiton-based Self-esteem [J]. Personnel Psychology, 2008, 61 (4): 761-792.

[120] Shaffer M. A., Harrison D. A. Expatriates' Psychological with Drawal from Interintional Assignments: Work, Nonwork, and Family Influences [J]. Personnel Psychology, 1998, 51 (1): 87-118.

[121] Shane S., Venkataraman S. The Promise of Entrepreneurship as a Field of Research [J]. Academy of Management Review, 2000, 25 (1): 217-226.

[122] Simsek Z. Organizational Ambidexterity: Towards a Multilevel Understanding [J]. Social Science Electronic Publishing, 2010, 46 (4): 597-624.

[123] Song L. J., Tsui A. S., Law K. S. Unpacking Employee Responses to Organizational Exchange Mechanisms: The Role of Social and Economic Exchange Prceptions [J]. Journal of Management: Official Journal of the Southern Management Association, 2009, 35 (1): 56-93.

[124] Song M., Wang T., Parry M. E. Do Market Information Processes Improve New Venture Performance? [J]. Journal of Business Venturing, 2010, 25 (6): 556-568.

[125] Turnley W. H., Bolino M. C., Lester S. W., et al. The Impact of Psychological Contract Fulfillment on the Performance of In-role and Organizational Citizenship Behaviors [J]. Journal of Management, 2003, 29 (2): 187-206.

[126] Tropman J. E., Morningstar G. Entrepreneurial Systems for the

1990s [M]. Westport, CT: Quorum Books, 1989: 161.

[127] Tsui A. S., Pearce J. L., Porter L. W., et al. Alternative Approaches to the Employee-organization Relationship: Does Investment in Employees Pay off? [J]. Academy of Management Journal, 1997, 40 (5): 1089-1121.

[128] Tushman L. M., O'Reilly A. C. Ambidextrous Organizations: Managing Evolutionary and Revolutionary Change [J]. California Management Review, 1996, 38 (4): 8-30.

[129] Volberda H. W., Bosch F. A. J. V, Heij C. V. Management Innovation: Management as Fertile Ground for Innovation [J]. European Management Review, 2013, 10 (1): 1-15.

[130] Voss G. B., Sirdeshmukh D., Voss Z. G. The Effects of Slack Resources and Environmental Threat on Product Exploration and Exploitation [J]. Academy of Management Journal, 2008, 51 (1): 147-164.

[131] Wei Z., Yi Y., Yuan C. Bottom-up Learning, Organizational Formalization, and Ambidextrous Innovation [J]. Journal of Organizational Change Management, 2011, 24 (3): 314-329.

[132] Wen X., Lin K. Restructuring China's State Corporatist Industrial Relations System: The Wenling Experience [J]. Journal of Contemporary China, 2015, 24 (94): 665-683.

[133] Wong S. S. Distal and Local Group Learning: Performance Trade-offs and Tensions [J]. Organization Science, 2004, 15 (6): 645-656.

[134] Woodrow C., Guest D. E. Pathways through Organizational Socialization: A Longitudinal Qualitative Study Based on the Psychological Contract [J]. Journal of Occupational and Organizational Psychology, 2019 (7): 1-24.

[135] Yalcinkaya G., Calantone R. J., Griffith D. A. An Examination of Exploration and Exploitation Capabilities: Implications for Product Innovation and Market Performance [J]. Journal of International Marketing, 2007, 15 (4): 63-93.

[136] Yang H., Demirkan I. The Performance Consequences of Ambi-

dexterity in Strategic Alliance Formations: Empirical Investigation and Computational Theorizing [J]. Management Science, 2007, 53 (10): 1645-1658.

[137] Yang Z., Zhou X., Zhang P. Discipline Versus Passion: Collectivism, Centralization, and Ambidextrous Innovation [J]. Asia Pacific Journal of Management, 2015, 32 (3): 745-769.

[138] Yu X., Chen Y., Bang N., et al. Ties with Government, Strategic Capability, and Organizational Ambidexterity: Evidence from China's Information Communication Technology Industry [J]. Information Technology and Management, 2014, 15 (2): 81-98.

[139] Zhang X. Trade Unions under the Modernization of Paternalist Rule in China [J]. Working USA, 2009, 12 (2): 193-218.

[140] Zhang Y. Understanding Chinese Firms from Multiple Perspectives [M]. New York: Springer, 2014: 227-256.

[141] Zott C. Dynamic Capabilities and the Emergence of Intraindustry Differential Firm Performance: Insights from a Simulation Study [J]. Strategic Management Journal, 2003, 24 (2): 97-125.

[142] 白景坤, 丁军霞. 网络能力与双元创新的关系——环境动态性的调节作用 [J]. 科学学与科学技术管理, 2016, 37 (8): 138-148.

[143] 白景坤, 杨智, 董晓慧. 双元性创新能否兼得？——公司创业导向的作用与知识刚性的调节效应 [J]. 经济管理, 2015 (11): 42-52.

[144] 布鲁斯. 英国产业关系领域发展史之再思考：从韦伯夫妇到新雇佣关系范式 [J]. 中国人力资源开发, 2014 (9): 6-18.

[145] 蔡禾. 从"底线型"利益到"增长型"利益——农民工利益诉求的转变与劳资关系秩序 [J]. 开放时代, 2010 (9): 37-45.

[146] 蔡猷花, 周功元. 创客创新双元性及其平衡模式研究 [J]. 华北电力大学学报（社会科学版）, 2016 (5): 89-93.

[147] 常凯. 劳动关系的集体化转型与政府劳工政策的完善 [J]. 中国社会科学, 2013 (6): 91-108.

[148] 常凯. 中国劳动关系报告 [M]. 北京：中国劳动社会保障出版社, 2009.

［149］常凯. 常凯：三十年来劳资关系的演变历程［J］. 中国商界，2008（6）：37-39.

［150］常凯. 劳动关系学［M］. 北京：中国劳动社会保障出版社，2005.

［151］陈国权，王晓辉. 组织学习与组织绩效：环境动态性的调节作用［J］. 研究与发展管理，2012，24（1）：52-59.

［152］陈加州，凌文辁，方俐洛. 企业员工心理契约的结构维度［J］. 心理学报，2003，35（3）：404-410.

［153］陈剖建，旷开萃. 论平衡管理［J］. 科学管理研究，2003，21（2）：85-88.

［154］陈仁涛. 我国非公有制企业劳资关系演进的历程考察及其启示［J］. 经济论坛，2013（8）：164-170.

［155］陈万思，丁珏，余彦儒. 参与式管理对和谐劳资关系氛围的影响：组织公平感的中介作用与代际调节效应［J］. 南开管理评论，2013，16（6）：47-58.

［156］陈微波. 论劳动关系的调整机制——以劳动契约与心理契约的融合为视角［J］. 山东社会科学，2005（1）：69-71.

［157］崔勋，吴海艳. 劳动关系氛围研究［J］. 中国人力资源开发，2011（3）：5-9.

［158］崔勋，张义明，瞿皎姣. 劳动关系氛围和员工工作满意度：组织承诺的调节作用［J］. 南开管理评论，2012，15（2）：19-30.

［159］党兴华，魏龙，闫海. 技术创新网络组织惯性对双元创新的影响研究［J］. 科学学研究，2016，34（9）：1432-1440.

［160］邓少军，芮明杰. 高层管理者认知与企业双元能力构建——基于浙江金信公司战略转型的案例研究［J］. 中国工业经济，2013（11）：135-147.

［161］段毅，李琪. 中国集体劳动关系的生成、发展与成熟——一个自下而上的分析视角［J］. 中国人力资源开发，2014（23）：94-104.

［162］冯彩玲，张丽华. 变革/交易型领导对员工创新行为的跨层次影响［J］. 科学学与科学技术管理，2014（8）：172-180.

［163］冯同庆.聚焦当代中国社会劳动热点问题：2014-2015［M］.北京：中国工人出版社，2015.

［164］冯同庆.劳动关系理论研究［M］.北京：中国工人出版社，2012.

［165］高良谋，胡国栋.模块化生产网络中的劳资关系嬗变：层级分化与协同治理［J］.中国工业经济，2012（10）：96-108.

［166］葛伶俊，张磊.近年来国内劳资关系研究述评［J］.当代社科视野，2008（12）：8-13.

［167］郭梅，赵希男，王艳梅.一种新的监督激励模型对维持员工间心理契约关系的作用研究［J］.科技管理研究，2009，196（6）：486-488.

［168］郭婷婷，李宝库.顾客心理契约破裂及其修复策略——基于网络购物服务失误情境［J］.经济与管理，2019，33（6）：50-57.

［169］郭志文，B.I.赫登.无边界职业生涯时代的就业能力：一种新的心理契约［J］.心理科学，2006，29（2）：485-486.

［170］韩金华，孙殿明.协调公平与效率关系　构建和谐劳资关系［J］.中央财经大学学报，2008（2）：67-70.

［171］贺秋硕.企业劳动关系和谐度评价指标体系构建［J］.中国人力资源开发，2005（8）：75-78.

［172］洪泸敏，章辉美.新中国成立以来企业劳动关系的历史变迁［J］.江西社会科学，2009（8）：21-26.

［173］胡恩华.中国情景下劳资关系氛围与双组织承诺关系研究［J］.经济管理，2012（2）：66-75.

［174］胡恩华，韦琪，张龙.心理契约破裂减少了工会参与吗？——工会主席任命方式的调节作用［J］.中国劳动关系学院学报，2019（2）：117-124.

［175］胡磊.面向经济新常态的企业和谐劳动关系构建研究［J］.中国劳动，2015（8）：32-36.

［176］黄新萍，袁凌，许丹.中国企业劳动关系和谐指数计算及其应用［J］.湖南大学学报（社会科学版），2013，27（1）：73-77.

[177] 蒋春燕，赵曙明. 社会资本和公司企业家精神与绩效的关系：组织学习的中介作用——江苏与广东新兴企业的实证研究 [J]. 管理世界，2006（10）：90-99.

[178] 焦豪. 双元型组织竞争优势的构建路径：基于动态能力理论的实证研究 [J]. 管理世界，2011（11）：76-91.

[179] 李贵卿，陈维政. 合作型劳动关系的理论演进及其对我国的启示 [J]. 当代财经，2008（6）：54-59.

[180] 李汉林. 中国单位社会 [J]. 商周刊，2005（5）：56-58.

[181] 李宏贵，廖继江. 心理契约与企业发展 [J]. 湖南商学院学报，2004，11（4）：53-55.

[182] 李桦，储小平，郑馨. 双元性创新的研究进展和研究框架 [J]. 科学学与科学技术管理，2011，32（4）：58-65.

[183] 李华军，张光宇. 高新技术企业知识型员工流失风险管理——基于心理契约的视角 [J]. 科技进步与对策，2009，26（8）：153-156.

[184] 李怀印，黄英伟，狄金华. 回首"主人翁"时代：改革前三十年国营企业内部的身份认同、制度约束与劳动效率 [J]. 文化纵横，2015（4）：14.

[185] 李江，和金生. 基于知识管理的技术创新决策研究 [J]. 科技进步与对策，2008，25（7）：160-163.

[186] 李久鑫，郑绍濂. 管理的社会网络嵌入性视角 [J]. 外国经济与管理，2002，24（6）：2-6.

[187] 李敏，黄青良，周恋. 心理契约、公平感、发言权与工作卷入——基于劳务派遣工的实证研究 [J]. 商业经济与管理，2013（6）：39-47.

[188] 李敏，周恋. 基于工会直选调节作用的劳动关系氛围、心理契约破裂感知和工会承诺的关系研究 [J]. 管理学报，2015，12（3）：364-371.

[189] 李万明，李君锐. 心理授权与员工创新行为的关系——心理契约新视角的中介作用 [J]. 工业技术经济，2016，35（10）：78-84.

［190］李巍. 战略导向均衡对产品创新与经营绩效影响研究［J］. 科研管理，2015，36（1）：143-151.

［191］李向民，邱立成. 开放条件下中国劳资关系的变化与对策分析［M］. 天津：南开大学出版社，2013.

［192］李秀梅. 劳资关系理论溯源［J］. 技术与市场，2009，16（1）：62.

［193］李忆，傅晓，刘小平. 企业双元创新研究［M］. 北京：科学出版社，2015.

［194］李忆，桂婉璐，刘曜. 家长式领导对双元创新的影响：与企业战略匹配［J］. 华东经济管理，2014（1）：113-118.

［195］李忆，马莉，袁志会，苑贤德. 差错管理气氛对双元创新的影响——知识转化的中介作用［J］. 现代管理科学，2013（8）：112-114.

［196］李忆，司有和. 探索式创新、利用式创新与绩效：战略和环境的影响［J］. 南开管理评论，2008，11（5）：4-12.

［197］李燚. 管理创新中的组织学习［M］. 北京：经济管理出版社，2007.

［198］李永周，黄薇，刘旸. 高新技术企业研发人员工作嵌入对创新绩效的影响——以创新能力为中介变量［J］. 科学学与科学技术管理，2014（3）：135-143.

［199］李玉龙，宋雅杰. 和谐劳动关系评价指标体系的构建与应用——一种基于广义生态系统的新探索［J］. 统计与信息论坛，2016（2）：3-7.

［200］李原，孙健敏. 雇用关系中的心理契约：从组织与员工双重视角下考察契约中"组织责任"的认知差异［J］. 管理世界，2006（11）：101-110.

［201］李原. 员工心理契约的结构及相关因素研究［D］. 首都师范大学博士学位论文，2002.

［202］李长安，王琦. 青年白领劳动关系评价及影响因素分析——基于2013年北京市调查数据［J］. 青年研究，2014（5）：33-41.

［203］梁小威，廖建桥. "工作嵌入"模式与组织核心员工保持

［J］. 科技进步与对策，2005，22（1）：119-121.

［204］林枫，孙小微，张雄林，熊欢. 探索性学习—利用性学习平衡研究进展及管理意义［J］. 科学学与科学技术管理，2015，36（4）：55-63.

［205］林海芬，苏敬勤. 管理创新效力提升机制：组织双元性视角［J］. 科研管理，2012，33（2）：1-10.

［206］林筠，韩鑫. 社会资本组件对个体双元创新的作用机制研究［J］. 科技进步与对策，2017，34（6）：20-25.

［207］林秋月，王文平，王娇俐. 产业集群创新网络结构特征的仿真分析——基于 March 利用式—探索式创新分析框架［J］. 管理学报，2010，7（7）：1015-1020.

［208］凌峰. 企业管理流程设计研究［D］. 江苏大学博士学位论文，2012.

［209］凌玲. 新型雇佣关系背景下雇佣关系稳定性研究——基于可雇佣能力视角［J］. 经济管理，2013（5）：63-71.

［210］刘建洲. 农民工的抗争行动及其对阶级形成的意义——一个类型学的分析［J］. 青年研究，2011（1）：33-43.

［211］刘军，刘小禹，任兵. 员工离职：雇佣关系框架下的追踪研究［J］. 管理世界，2007（12）：88-95.

［212］刘林平，崔凤国. 转型社会的劳资关系：特征与走向［J］. 中山大学学报（社会科学版），2012，52（3）：151-161.

［213］刘善仕，刘婷婷，刘向阳. 人力资源管理系统、创新能力与组织绩效关系——以高新技术企业为例［J］. 科学学研究，2007，25（4）：764-771.

［214］刘文军. 略论劳动关系的衡量角度［J］. 中国劳动关系学院学报，2008，22（3）：17-22.

［215］刘文军. 论劳动关系的衡量［D］. 华南师范大学博士学位论文，2003.

［216］刘英为，耿帮才. 我国当代劳资关系研究［J］. 现代商贸工业，2013，25（9）：16-20.

［217］刘中虎. 心理契约与劳动关系的研究［J］. 南方经济，2004（7）：58-60.

［218］罗瑾琏，胡文安，钟竞. 双元领导对新员工社会化适应与创新的双路径影响研究［J］. 科学学与科学技术管理，2016，37（12）：161-173.

［219］吕景春，李永杰. 基于帕累托效率的和谐劳动关系研究［J］. 中国人力资源开发，2005（10）：80-82.

［220］马翠华，孔繁祎. 基于文化认同度评价的企业和谐劳动关系研究［J］. 财经问题研究，2015（s1）：33-36.

［221］马文聪，朱桂龙，蒋峦. 创新是组织公民行为影响绩效的中介变量吗？——基于高科技行业的实证研究［J］. 科学学研究，2010，28（2）：307-315.

［222］孟大虎，苏丽锋，欧阳任飞. 中国和谐劳动关系指标体系构建及评价：1991-2014［J］. 中国人力资源开发，2016（14）：74-82.

［223］孟泉，章小东. 制度化结果还是制度化效应？——中国工人罢工状况及其解决方式的启示［J］. 中国人力资源开发，2015（19）：94-101.

［224］孟泉. 利益平衡与逻辑平衡——劳动关系平衡理论探讨及其启示［J］. 中国人力资源开发，2013（19）：105-110.

［225］孟泉. 寻找传统——马克思主义劳动关系经典理论述评及启示［J］. 东岳论丛，2013（3）：37-44.

［226］孟泉. 重塑工会与工人的关系——读《忧与思——三十年工会工作感悟》［J］. 中国工人，2013（10）：20-22.

［227］聂林，杨蕙馨. 学习型组织文化对组织承诺的影响效应分析［J］. 理论学刊，2014（6）：61-65.

［228］乔健. 略论中国特色和谐劳动关系［J］. 中国劳动关系学院学报，2015（2）：1-10.

［229］乔健. 后金融危机时期中外劳动关系趋向的比较与思考［J］. 中国人力资源开发，2014（1）：96-105.

［230］乔健. 在国家、企业和劳工之间：工会在市场经济转型中的

多重角色——对 1811 名企业工会主席的问卷调查［J］. 当代世界与社会主义，2008（2）：144-154.

［231］秦建国. 和谐劳动关系评价体系研究［J］. 山东社会科学，2008（4）：62-66.

［232］渠邑，于桂兰. 劳动关系和谐指数研究评述［J］. 中国人力资源开发，2014（15）：11-18.

［233］沈弋，徐光华，钱明. 双元创新动因、研发投入与企业绩效——基于产权异质性的比较视角［J］. 经济管理，2016（2）：69-80.

［234］沈原. 社会转型与工人阶级的再形成［J］. 社会学研究，2006（2）：13-36.

［235］史青春，王平心. 基于合作博弈的供应链伙伴绩效灰色综合评价方法［J］. 软科学，2010，24（1）：56-59.

［236］宋亚非，师展，冯殊伦. 组织承诺、知识共享和个体创新行为的关系研究［J］. 财经问题研究，2014（12）：137-143.

［237］孙波. 企业劳动关系评价指标体系构建思路［J］. 中国人力资源开发，2014（1）：106-110.

［238］孙晓华，戚振东，段兴民. 心理契约理论与组织支持理论比较研究［J］. 外国经济与管理，2006，28（4）：34-39.

［239］孙瑜，渠邑. 员工视角的劳动关系满意度评价指标体系构建［J］. 社会科学战线，2014（9）：58-64.

［240］汤美芳. 近年来有关劳资关系研究综述［J］. 中共宁波市委党校学报，2006，28（5）：59-63.

［241］王贵军. 知识员工心理契约感知与创新行为关系研究［D］. 武汉大学博士学位论文，2011.

［242］汪建华，石文博. 争夺的地带：劳工团结、制度空间与代工厂企业工会转型［J］. 青年研究，2014（1）：53-61.

［243］汪林，储小平. 组织公正、雇佣关系与员工工作态度——基于广东民营企业的经验研究［J］. 南开管理评论，2009，12（4）：62-70.

［244］王朝晖，佘国强. 高绩效工作系统与探索式创新绩效——战略人力资本和创新氛围的多重中介作用［J］. 科技与经济，2016，29

（2）：66-70.

［245］王朝晖，朱道弘.员工人力资本与不同类型创新关系的实证研究［J］.科技与经济，2013，26（1）：85-89.

［246］王朝晖.战略人力资源管理对情境双元型创新的影响研究［D］.中南大学博士学位论文，2011.

［247］王端旭，单建伟.诱引与科技人才工作绩效关系研究——工作嵌入为中介变量［J］.科学学研究，2010，28（8）：1248-1253.

［248］王凤彬，陈建勋，杨阳.探索式与利用式技术创新及其平衡的效应分析［J］.管理世界，2012（3）：96-112.

［249］王兰云，苏磊.战略人力资源管理一致性与组织绩效的关系研究——双元创新能力的中介作用［J］.科技管理研究，2015（9）：173-179.

［250］王丽平，李乃秋，许正中.中小企业持续内创业的动态管理机制研究——基于双元能力的圆形组织结构视角［J］.科技进步与对策，2011，28（8）：78-82.

［251］王莉，石金涛.组织嵌入及其对员工工作行为影响的实证研究［J］.管理工程学报，2007，21（3）：14-18.

［252］王林，沈坤荣，吴琼，秦伟平.探索式创新、利用式创新与新产品开发绩效关系——环境动态性的调节效应研究［J］.科技进步与对策，2014（15）：24-29.

［253］王明亮.企业创新能力与转型期的劳资关系——以二元劳动力市场为视角［J］.现代经济探讨，2013（2）：18-22.

［254］王业静，曾德明.创新战略选择：竞争环境对战略纯度与企业绩效关系的调节效应［J］.研究与发展管理，2012，24（6）：46-52.

［255］王永贵，李锐，陶秋燕.智力资本要素联动效应与双元创新能力提升［J］.经济与管理研究，2016，37（3）：86-93.

［256］王永跃，段锦云.人力资源实践对员工创新行为的影响：心理契约破裂的中介作用及上下级沟通的调节作用［J］.心理科学，2014（1）：172-176.

［257］王震，孙健敏.人力资源管理实践、组织支持感与员工承诺

和认同——一项跨层次研究 [J]. 经济管理, 2011 (4): 89-95.

[258] 闻效仪. 工会直选: 广东实践的经验与教训 [J]. 开放时代, 2014 (5): 54-65.

[259] 吴海艳. 企业劳动关系氛围的理论与实证研究 [D]. 南开大学博士学位论文, 2011.

[260] 吴隆增, 许长青, 梁娉娉, 谢洪明. 吸收能力对组织学习和组织创新的影响——珠三角地区高科技企业的实证研究 [J]. 科技管理研究, 2008, 28 (5): 135-138.

[261] 吴清军, 刘宇. 劳动关系市场化与劳工权益保护——中国劳动关系政策的发展路径与策略 [J]. 中国人民大学学报, 2013, 27 (1): 80-88.

[262] 奚雷, 彭灿, 李德强. 双元学习对双元创新协同性的影响: 变革型领导风格的调节作用 [J]. 科技管理研究, 2016 (8): 210-215.

[263] 奚雷, 彭灿, 李德强. 智力资本对双元创新协同性的影响: 高管团队行为整合的调节作用 [J]. 科技进步与对策, 2016, 33 (6): 142-148.

[264] 席猛, 赵曙明. 劳资冲突研究述评: 定义、前因及研究新视角 [J]. 管理学报, 2014, 11 (3): 455-461.

[265] 邢新朋, 梁大鹏. 开发式创新、探索式创新及平衡创新的前因和后果: 环境动荡性和新创企业绩效 [J]. 科技管理研究, 2016, 36 (13): 1-7.

[266] 邢以群, 杨海锋. 企业管理系统的自适应性研究 [J]. 科学学与科学技术管理, 2001, 22 (9): 36-39.

[267] 徐光, 钟杰, 高阳. 知识型员工创新行为激励策略研究——基于心理契约视角 [J]. 科学管理研究, 2016, 34 (4): 89-92.

[268] 徐淑英. 求真之道, 求美之路: 徐淑英研究历程 [M]. 北京: 北京大学出版社, 2012.

[269] 徐细雄, 淦未宇. 组织支持契合、心理授权与雇员组织承诺: 一个新生代农民工雇佣关系管理的理论框架——基于海底捞的案例研究 [J]. 管理世界, 2011 (12): 131-147.

[270] 许晖, 李文. 高科技企业组织学习与双元创新关系实证研究 [J]. 管理科学, 2013 (4): 35-45.

[271] 薛园菲, 龚基云. 改革开放以来我国劳动管理体制的演变及趋向分析 [J]. 佳木斯大学社会科学学报, 2014, 32 (1): 46-49.

[272] 杨斌, 魏亚欣, 丛龙峰. 中国劳动关系发展途径探讨——基于劳动关系形态视角的分析 [J]. 中国人力资源开发, 2014 (19): 96-101.

[273] 杨晓智, 董会. 劳动契约、心理契约对和谐劳动关系影响路径——基于私营企业数据的研究 [J]. 中国劳动关系学院学报, 2014 (1): 16-21.

[274] 游正林. 管理控制与工人抗争——资本主义劳动过程研究中的有关文献述评 [J]. 社会学研究, 2006 (4): 169-185.

[275] 于桂兰, 陈明, 于楠. 心理契约与组织公民行为的关系——元分析回顾及样本选择与测量方法的调节作用 [J]. 吉林大学社会科学学报, 2013 (2): 115-123.

[276] 于桂兰. 劳动关系管理 [M]. 北京: 清华大学出版社, 2011.

[277] 于海波, 郑晓明, 方俐洛, 凌文辁. 中国企业开发式学习与利用式学习平衡的实证研究 [J]. 科研管理, 2008, 29 (6): 137-144.

[278] 袁凌, 贾玲玲, 李健. 企业劳动关系的员工满意度调查与评价 [J]. 系统工程, 2014 (5): 29-36.

[279] 袁凌, 魏佳琪. 中国民营企业劳动关系评价指标体系构建 [J]. 统计与决策, 2011 (4): 34-36.

[280] 翟森竞, 黄沛, 高维和. 渠道关系中的感知不公平研究——基于心理契约及不公平容忍区域的视角 [J]. 南开管理评论, 2008, 11 (6): 86-93.

[281] 詹婧, 赵越. 工会—管理层关系与企业员工参与机制的运行——基于扎根理论的研究 [J]. 中国人力资源开发, 2017 (4): 154-168.

[282] 张军, 许庆瑞, 张素平. 动态环境中企业知识管理与创新能力关系研究 [J]. 科研管理, 2014, 35 (4): 59-67.

[283] 张兰霞, 闫琳琳, 吴小康, 李峥. 基于心理契约的知识型员

工忠诚度的影响因素［J］. 管理评论，2008，20（4）：39-44.

［284］张明. 工作嵌入在中国情境下的适用性探讨［J］. 区域经济评论，2011（2）：65-69.

［285］张淑敏. 心理契约理论及其在行政组织中的应用探究［J］. 管理世界，2011（1）：180-181.

［286］张晓芬，董玉宽，刘强. 区域集群企业双元创新的诱导机制研究——使能力、情境力、摄动力和触发力的聚合［J］. 科研管理，2015（1）：36-41.

［287］张振刚，李云健，余传鹏. 利用式学习与探索式学习的平衡及互补效应研究［J］. 科学学与科学技术管理，2014（8）：162-171.

［288］张振刚，余传鹏. 利用式与探索式学习对管理创新的影响研究［J］. 管理学报，2015，12（2）：252-258.

［289］章海鸥. 灵活雇佣与员工承诺——西方人力资源管理面临的一个困境［J］. 江西社会科学，2003（11）：58-60.

［290］章凯，李朋波，罗文豪，张庆红，曹仰锋. 组织—员工目标融合的策略——基于海尔自主经营体管理的案例研究［J］. 管理世界，2014（4）：124-145.

［291］赵春玲，殷倩. 劳资利益表达的失衡与治理——论转型期我国和谐劳资关系的建立［J］. 宁夏社会科学，2009（3）：43-46.

［292］赵峰，连悦，徐晓雯. 心理契约理论视角下创新型人力资源激励研究［J］. 科学管理研究，2015，33（1）：96-99.

［293］赵海霞. 企业劳动关系和谐度评价指标体系设计［J］. 中国人力资源开发，2007（7）：85-88.

［294］赵洁，魏泽龙，李垣. 高管激励机制、组合能力对创新双元性的影响研究［J］. 中国科技论坛，2012（2）：108-115.

［295］赵曙明，赵薇. 美、德、日劳资关系管理比较研究［J］. 外国经济与管理，2006，28（1）：17-22.

［296］赵卫红，张立富，张义明. 合作型劳动关系的研究进展与启示［J］. 中国人力资源开发，2015（16）：92-99.

［297］郑晓明，丁玲，欧阳桃花. 双元能力促进企业服务敏捷

性——海底捞公司发展历程案例研究［J］. 管理世界，2012（2）：131-147.

［298］郑子林. 知识型员工心理契约违背的影响及预防措施探析［J］. 管理世界，2014（4）：1-4.

［299］中央有关部门联合调研组. 构建和谐劳动关系调研报告［J］. 中国劳动关系学院学报，2011，25（6）：1-12.

［300］周晓光，王美艳. 中国劳资冲突的现状、特征与解决措施——基于279个群体性事件的分析［J］. 学术研究，2015（4）：72-77.

［301］周玉泉，李垣. 组织学习、能力与创新方式选择关系研究［J］. 科学学研究，2005，23（4）：525-530.

［302］朱朝晖，陈劲. 探索性学习和挖掘性学习：对立或协同？［J］. 科学学研究，2008，26（5）：1052-1060.

［303］朱朝晖，陈劲. 探索性学习与挖掘性学习及其平衡研究［J］. 外国经济与管理，2007，29（10）：54-58.

［304］朱飞，熊新发. ELM主导型雇佣关系模式下的员工管理困境和管理策略创新研究——可雇佣性的视角［J］. 理论探讨，2012（2）：89-93.

［305］朱晓妹，王重鸣. 中国背景下知识型员工的心理契约结构研究［J］. 科学学研究，2005，23（1）：118-122.

［306］朱雪春，陈万明. 知识治理、失败学习与低成本利用式创新和低成本探索式创新［J］. 科学学与科学技术管理，2014（9）：78-86.

［307］朱勇国，张楠. 劳动标准与和谐劳动关系［J］. 中国人力资源开发，2012（11）：88-92.

［308］左祥琦. 劳动关系管理［M］. 北京：中国发展出版社，2007.

# 附　录

**本书第八章定量研究所用的测量量表**

| 构念 | 一级指标 | 二级指标 |
|---|---|---|
| 利用式创新 | 巩固我们所熟悉的产品与技术的现有知识与技能 | |
| | 将资源投入到应用成熟技术的技能上，提高生产率 | |
| | 构建逐步改进现有客户问题解决方案的能力 | |
| | 巩固现有产品开发流程的技能 | |
| | 增加项目知识与技能，从而提高现有创新活动的效率 | |
| 探索式创新 | 获取对公司全新的制造技术与技能 | |
| | 学习行业内全新的产品开发方法与流程 | |
| | 获取全新的管理与组织方法从而提高创新的效率 | |
| | 率先掌握某些领域的新技能 | |
| | 提高在未知领域中的创新技能 | |
| 员工责任规范 | 加班工作 | 大家工作积极、有责任感，例如，为了完成紧急任务他们会早上班、晚下班 |
| | 忠诚组织 | 我认可这家企业的价值观 |
| | | 如果有可能，我愿意在这家企业一直工作直至退休 |
| | | 我在情感上喜欢这家企业 |
| 员工责任人际 | 关系和谐 | 在工作中，我常常顾及他人的感受 |
| | | 在工作中，我尽量站在他人的视角来看这个世界 |
| | | 在工作中，我通常会设法去理解他人的观点 |
| | 团队精神 | 大家关心本公司的现状与发展 |
| | | 大家很少为工作上的小事抱怨 |
| | 帮助同事 | 大家在与公司有关的工作上互相帮助 |
| | | 会为他人着想，例如，如果有影响别人的事，他们会事先通知 |

| 构念 | 一级指标 | 二级指标 |
|---|---|---|
| 员工责任人际 | 信息沟通 | 为员工提供正式的渠道，使其能够提出建议、参与决策 |
| | | 员工的想法和诉求可以通过职工代表大会顺畅反映给管理层 |
| | | 员工的想法和诉求可以通过工会顺畅反映给管理层 |
| 员工责任发展 | 出谋划策 | 我乐于为产品提出新的想法 |
| | | 我乐于在工作中开创新的工作流程 |
| | | 我乐于改进现有的生产流程和产品 |
| | 学习新技术 | 我的工作要求我去尝试解决问题的新方法 |
| 组织责任规范 | 稳定工作保障 | 在制定人力资源政策和制度时，人力资源部门会充分考虑对员工权益的保障保护 |
| | | 为员工提供稳定长期的就业保障 |
| | 公平待遇 | 根据员工的技能、知识、创新程度来给员工发放薪酬 |
| | | 根据员工的绩效、产出或者他/她给企业带来的收益的情况来发放薪酬 |
| | | 根据员工的职称、资历、责任或地位来发放薪酬 |
| 组织责任人际 | 信任员工 | 本企业信任并理解员工 |
| | 合作氛围 | 培育（员工的）合作精神 |
| | 真诚对待员工 | 本企业重视员工的意见 |
| | | 在进行变革改革时，充分考虑员工利益的保障和保护 |
| 组织责任发展 | 事业发展机会 | 企业有充分的正式培训，用以保障员工的职业生涯发展 |
| | | 本企业关注员工的个人发展 |
| | 学习机会 | 企业有大量的交叉培训（跨部门培训），帮助员工学习新的技能 |
| | | 开发员工潜能，增加员工专业知识 |